Susanne Hühn

Das Innere Kind

Angst loslassen

Schirner Verlag

ISBN Printausgabe 978-3-8434-5108-6
ISBN E-Book 978-3-8434-6226-6

Susanne Hühn:
Das Innere Kind – Angst loslassen

Umschlag: Murat Karaçay, Schirner,
unter Verwendung von # 154264937 (pun photo),
136132904 (Oaurea), www.shutterstock.com
Satz: Tamara Walter, Schirner, unter Verwendung der Bilder vom Umschlag
Lektorat: Claudia Simon, Schirner
Printed by: Ren Medien GmbH, Germany

www.schirner.com

5. Auflage November 2018

Inhalt

Einleitung

Liebe Leser,

Angst stört. Wir wollen sie nicht spüren. Angst ist schon beinah eine Behinderung und hat keinen Platz in unserem Lebenskonzept. Schließlich sind wir erwachsen und sollten unser Leben meistern können. Wir sollten mit den Steuergesetzen, mit Trennungen, mit der Abzahlung oder dem Verlust unseres Hauses, mit unserer Arbeit, unseren Liebsten, mit den Anforderungen am Arbeitsplatz und unserer Verantwortung als Eltern zurechtkommen. Wir sollten in der Lage sein, gut für uns zu sorgen, mitfühlend zu sein, auf unsere Gesundheit und unser Gewicht zu achten, gesunde Beziehungen zu führen und mit Geld umzugehen. Sind wir auf dem Bewusstseinsweg, kommen Achtsamkeit, Mitgefühl, Spiritualität, vegetarische oder, noch aufwendiger, vegane Ernährung und jede Menge ungeschriebene geistige Gesetze mit auf unsere Liste. Wenn wir auf diesem Weg sind, sollten wir mit Engeln kommunizieren können und unserer inneren Stimme folgen, außerdem unseren Seelenplan verwirklichen, was immer das nun heißen mag. Und natürlich ein gutes Verhältnis zu unserem Inneren Kind haben. Habe ich etwas vergessen? Mit Sicherheit.

Das sind ziemlich viele Anforderungen, nicht wahr? Wir meistern sie mit Bravour, und dennoch bekommen wir sofort Angst, wenn wir bei einem oder zweien dieser Punkte ins Stocken geraten. Auf der Stelle geraten wir in eine Art Kontrollwahn, indem wir entweder zwanghaft beten, unsere Gedanken kontrollieren und Engel anrufen oder im Außen handeln. Wir meistern unser Leben – doch wir haben ein sorgfältig gezüchtetes und gepflegtes Konstrukt erschaffen, das aus Kontrolle und bestimmten Verhaltensmaßregeln besteht. Und ohne es zu wollen, verteidigen wir unbewusst unsere ganz spezielle Sicht der Dinge, als wäre sie die einzig wahre. Wenn sich jemand anders verhält, als wir es für richtig erachten, fühlen wir uns auf merkwürdige Weise bedroht, so, als dürfe der andere etwas, was wir uns selbst verbieten.

Warum haben wir so wenig Vertrauen ins Leben? Warum glauben wir nicht, dass es uns trägt, dass wir sicher und versorgt sind, dass alles gut gehen wird?

Nun, weil es nicht immer stimmt, das ist uns schon klar. Manches geht eben nicht gut aus, immerhin gibt es den Tod, so sehr wir ihn auch ignorieren wollen.

Doch wenn wir schon nicht dem Leben vertrauen, warum dann nicht wenigstens uns selbst? Warum nicht unserer Fähigkeit, mit dem, was kommt, umgehen zu können? Die Evolution tut doch auch nichts anderes: Sie geht mit dem um, was ihr widerfährt, sie spinnt Stroh zu Gold, sie wandelt Tod in Leben und Leben in Tod. Darauf zu vertrauen, dass wir aus allem, was uns geschieht, etwas Gutes werden lassen, es verarbeiten und auf dem Leben dienende Weise weitergehen zu können, würde uns Selbstvertrauen schenken. Und damit unserer Angst ein wesentliches Gegengewicht setzen. Die Erde kann das. Sie nährt alles, was sich ihr anvertraut. Sie verwandelt Tod in Leben, lässt aus dem, was zu Ende geht, neues Leben entstehen, oft genug sogar auf einem noch komplexeren Niveau. Die Schamanen nennen das »Alchemie«. Diese innere Alchemie haben wir auch, sie nennt sich »Selbstheilungskraft«.

Wir besitzen diese Selbstheilungskraft auf allen Ebenen, körperlich, emotional, mental und auch spirituell – und sie wirkt immer. Aber wie sie wirkt, welche Möglichkeiten ihr zur Verfügung stehen, das hängt ganz und gar von uns selbst ab.

Ein sehr einfaches Beispiel: Deine physische Selbstheilungskraft sorgt dafür, dass deine Wunden heilen, ohne dass du etwas dafür tun musst oder könntest. Ob sie aber stark wirkt oder schwach, darauf hast du einen großen

Einfluss. Du kannst sie unterstützen, indem du dich gesund ernährst, an die frische Luft gehst, dich bewegst, auf erfüllende Lebensumstände achtest und freundlich mit dir umgehst. Du kannst deine Selbstheilung aber genauso gut schwächen, indem du rauchst, dich ungesund ernährst, wenig Lebenswillen hast und dich mit dem Leben schadenden Dingen beschäftigst.

Wenn es um die körperlichen Selbstheilungskräfte geht, können wir die Wirkung von gesunder oder ungesunder Lebensweise nachvollziehen und auch nachprüfen. Aber was ist mit den mentalen und emotionalen Selbstheilungskräften? Wie pflegen wir diese? Was stärkt und was schwächt unsere Fähigkeit, uns auf der Gefühlsebene neu auszurichten und in Frieden zu kommen, damit wir weitermachen können? Wie können wir Gedankenhygiene betreiben, wie nähren wir uns auf geistiger Ebene? Und was hat das alles mit Angst und dem Inneren Kind zu tun?

Angst entsteht, wenn deine körperlichen, emotionalen und mentalen Selbstheilungskräfte nicht greifen – noch nicht, weil sie, wie zum Beispiel bei einem Kind, noch nicht voll entwickelt sind, oder nicht mehr, weil die Situation zu überwältigend ist.

Dein Systems reagiert also immer dann mit Angst, wenn du erkennst, dass du eine Situation nicht meistern kannst, oder es zumindest glaubst.

Ob du sie tatsächlich nicht meistern kannst, spielt dabei keine Rolle – zum Glück! Denn weil das so ist, können wir eingreifen und uns selbst coachen. Wie, das zeige ich euch in diesem Büchlein.

Wie entsteht Angst?

Wie oft verspürst du Angst, obwohl es in Wahrheit gar keinen Grund dafür gibt? Wie oft versuchst du, dir klarzumachen, dass alles in Ordnung ist, aber das Zittern will nicht aufhören?

Wir haben in unserem Gehirn eine Stelle, die »Mandelkern« heißt, weil sie genauso aussieht. Dieser Mandelkern ist eine der ältesten Hirnregionen und bewertet ununterbrochen, ob eine Situation für dich bedrohlich ist oder nicht. Seine Aufgabe ist es, dein Leben zu schützen, er ist dein innerer Wächter. Der Mandelkern (eigentlich Mandelkerne – wir haben zwei davon, links und rechts) ist ständig in Habachtstellung und überprüft deine Umgebung. Immer dann, wenn du eine bedrohliche Situation erlebst, sei es physisch oder emotional, schlägt der Mandelkern Alarm. Auf diesen Alarm folgt immer eine Adrenalinausschüttung, die dich zu einer schnellen Reaktion befähigt. Verändert sich die Situation wieder, bist du also wieder in Sicherheit, dann beruhigt sich der Mandelkern, und die Hormonausschüttung wird gestoppt. Der Adrenalinpegel sinkt, und der Körper richtet sich wieder auf normale Funktion ein. Der bei Stress erhöhte Blutdruck wird heruntergeregelt, und alle Systeme schalten auf Regeneration. Das ist lebensnotwendig. Unser Körper ist nicht auf Dauerstress eingerichtet, weder physisch noch emotional.

Befindest du dich zu lange in einer bedrohlichen Situation, dann findet dein Gehirn eine neue Lösung, um dich zu schützen: Es verdrängt die Bedrohung! Es schüttet Neurohemmer aus, die dich in dem Glauben wiegen, alles wäre gut. Diese Verdrängung aufrechtzuerhalten, an deinem Bewusstsein vorbei, stellt einen großen Energieaufwand dar. Das kannst du dir sicher vorstellen. Du hast immer noch Angst, fühlst dich immer noch bedroht, spürst es aber nicht mehr. Dein Körper schüttet immer noch Stresshormone aus, doch die Neurohemmer sorgen dafür, dass diese nicht wirksam werden. Du lebst in einem Scheinfrieden, wirst emotional ein wenig »flacher«, doch alles ist stabil. Für deine emotionalen Selbstheilungskräfte ist das ungeheuer anstrengend.

Machen wir einen kurzen Ausflug, damit du verstehst, wie diese immerwährende Angst, über die wir in diesem Buch reden, zustande kommt.

Du hast sicherlich schon Folgendes erlebt: Du bist ein kleines bisschen gestresst, nicht schlimm, nicht so, dass es dich behindert, einfach ein bisschen angeschlagen. Du hattest einen anstrengenden Tag, und dann erwischt dich ein Luftzug aus einer Klimaanlage. Oder du setzt dich auf einen kalten Fußboden. Normalerweise sind weder der Luftzug noch der kalte Fußboden ein Problem für dein Immunsystem. Es erhöht die Produktion der weißen Blutkörperchen und macht sich für den Angriff der Bakterien bereit. Weil du aber sowieso schon angeschlagen bist, läuft deine Immunabwehr bereits auf Hochtouren und hat einfach keine Kapazitäten mehr frei. Du erkältest dich.

Anderes Beispiel: Du hast ein iPhone, vergisst aber ständig, die genutzten Programme zu schließen, sodass sie im Hintergrund weiterlaufen. Du merkst das gar nicht, weil du sie nicht siehst, wunderst dich aber darüber, dass deine Akkuleistung so dramatisch abfällt.

Und so ist es auch mit deiner emotionalen Abwehr. Normalerweise könntest du dein Leben gut meistern. Wenn aber zu viele Programme im Hintergrund offen sind, wenn zu viele Erlebnisse nicht verarbeitet wurden oder zu viel Druck auf dir lastet, dann ist dein emotionaler Akku im roten Bereich.

Hilft es, den Akku einfach wieder aufzuladen? Nein. Denn du wirst nach sehr kurzer Zeit wieder genauso gestresst und voller Angst sein, wenn du nicht die Hintergrundprogramme schließt.

So – was sind die im Hintergrund laufenden Programme? Leider reicht ein Doppelklick nicht aus, um sie zu erkennen.

Gedankenmuster, selbst erfüllende Voraussagen, Vermeidungsverhalten, Coabhängigkeit, besonders aber echte, also erlebte Erfahrungen, die zu einer posttraumatischen Belastungsreaktion führten, können solche Hintergrundprogramme sein.

Wenn dein ganzes emotionales System damit beschäftig ist, deine unbewussten und nicht verarbeiteten Ängste in Schach zu halten, dann braucht es nicht mehr viel, um deinen Akku leerlaufen zu lassen. Deine emotionalen Selbstheilungskräfte sind einfach überlastet.

Was hat das mit dem Inneren Kind zu tun?

Nun, das Innere Kind hat nun einmal die meisten Programme offen. Vieles von dem, was uns heute ängstigt, hat seine Wurzeln in der Kindheit, daran ist nichts neu. Die Art, wie wir gelernt oder eben nicht gelernt haben, mit Unvorhergesehenem umzugehen, spielt eine große Rolle.

Hier ein paar Beispiele:

Vertuschung, Täuschung

»Das, was hier drin geschieht, geht nur uns etwas an. Du darfst nicht darüber reden« sind die Sätze, die Kinder hören, wenn ihre Eltern aus Scham oder auch berechtigter Furcht versuchen, die Familiengeheimnisse zu wahren. Im Naziregime und in der DDR waren Vertuschungen lebensnotwendig. Alkoholismus, Geldmangel, Kriminalität, die Erkrankung eines Familienmitgliedes, Arbeitslosigkeit, schlechte Schulnoten – üblicherweise versuchen Familien, jedes Thema, das mit Scham und Makel besetzt ist, zu verheimlichen. Dazu gehören natürlich auch Homosexualität und jede Form von »Andersartigkeit«. Diese Andersartigkeit bezieht sich immer auf das Wertesystem, in dem eine Familie lebt. Das, was in einer Familie großartig sein kann, wird in einer anderen stigmatisiert. Es gibt also keine echten Werte, an denen sich ein Kind orientieren könnte, sondern nur ganz willkürliche. Die Eltern und/oder Großeltern legen größten Wert auf die Außenwirkung und lehren ihre Kinder, nach außen hin ein bestimmtes Bild abzugeben, das sorgfältig gepflegt werden muss. »So, wie ich bin, bin ich nicht gut genug« ist die emotionale Erfahrung, die ein Kind macht, wenn es sich selbst verleugnen muss. Das Vertrackte ist, dass es in weiten Teilen der Weltbevölkerung tatsächlich lebensnotwendig ist, seine persönlichen Lebensumstände, das Schicksal, das die Familie trägt, ja, sogar die Kinder selbst, zu verbergen. Statt Mitgefühl, Vergebung, Heilung, Anerkennung, Akzeptanz und Frieden zu finden, gerade wenn es in einer Familie schwierige Themen gibt, erlebt die Familie Ausgrenzung, Verachtung, Getuschel, in einigen Ländern Bestrafung und sogar Tod.

Was lernt das Kind? »Ich muss das, was ich wirklich denke und fühle, geheim halten, und mir darf nie etwas passieren, das irgendwie peinlich sein könnte oder für das ich bestraft werden würde. Ich muss mich, mein wahres Ich, verstecken und eine Rolle spielen.«

Besonders tragisch wird diese Vertuschung, wenn Gewalt in der Familie herrscht, wenn Machtmissbrauch betrieben wird und keiner der Erwachsenen den Mut findet, sich dem Gewalttätigen entgegenzustellen oder um Hilfe zu bitten.

Gerade in Deutschland und Österreich stecken die Täuschungen, der Verrat des Dritten Reiches noch tief in den Knochen der Menschen. Traumata aber werden, das ist nachgewiesen, nicht nur energetisch, sondern auch genetisch weitergegeben.

Flucht, Abwehr, Ausweichen

Flucht vor Gefahr ist eine sehr kluge und in unserem Stammhirn angelegte Reaktion. Wenn aber Flucht die Antwort auf nahezu alle Probleme ist, wenn das Kind spürt, die Eltern bleiben nicht standfest und stabil, sondern weichen aus, übernehmen eben nicht die Verantwortung, lernt es nicht, dass viele Probleme relativ leicht zu lösen sind. Jede Schwierigkeit, jede Hürde ist ein weiterer Grund, vor sich selbst davonzulaufen, und so spürt sich das Kind irgendwann selbst nicht mehr. Besonders wenn es echte Probleme gibt, womöglich gar innerhalb der Familie selbst, und »Flucht« die Antwort ist, hat das Kind keine Chance, gesehen, gehört oder wahrgenommen zu werden. Es bleibt einsam und ungehört, findet keine Antworten und hat keine Lösungsansätze, weil die Themen totgeschwiegen werden. So lernt das Kind: Schwierigkeiten sind ein Grund davonzulaufen. Es lernt nicht, Verantwortung zu tragen und sich den Dingen zu stellen. Der Fluchtreflex bleibt ständig aktiviert und greift schneller als nötig. Auch Ausreden zu erfinden ist nichts als ein Fluchtreflex!

Kampf, Angriff

»Zähne zeigen. Nicht unterkriegen lassen. Durchhalten, keine Schwäche zeigen.« Das sind die Botschaften, mit denen du aufwächst, wenn die Angstreaktion deiner Eltern »Angriff« ist. Und so kann es sein, dass du nie klein beigibst, niemals zugibst, dich zu irren, sondern in ständiger Alarmbereitschaft bist, immer bereit, deine Waffen einzusetzen. Diese Waffen können sein: scharfer Intellekt, emotionaler Druck in jede Richtung, dein spirituelles und psychologisches Wissen, das du als Schutzwall um dich aufgebaut hast, sogar dein energetisches Feingefühl, mit dem du in den Energien anderer herumstocherst. Sexuelle Verführung, körperliche starke Präsenz, eine laute Stimme, starke Wortwahl – nahezu alles kann als Waffe genutzt werden. Wehre dich, die Welt ist gegen dich, du musst stark sein – wenn du diese Worte aus eigener Erfahrung kennst, dann bist du ziemlich sicher ein funktionierendes Leistungskind geworden. Wenn deine Methoden des offenen Angriffs nicht fruchten, rettest du dich in den passiv-aggressiven Angriff: Du verweigerst dich, bist zynisch, abwertend, stoisch. Du schleuderst den Schmerz deines Inneren Kindes nach außen, indem du andere verletzt. Niemals erfährst du Mitgefühl, wenn du scheiterst, davon bist du überzeugt. »Jetzt erst recht« ist deine Devise, und so hilfreich sie auch sein kann, wenn du deine Kraft dem Leben dienend einsetzt, so zerstörerisch ist sie im Kampfmodus. Denn du gibst nie auf, selbst dann nicht, wenn es Zeit wird anzuerkennen, dass etwas zu Ende geht. Damit nimmst du dir die Möglichkeit, Abschied zu nehmen, zu trauern und dem Neuen eine Chance zu geben. Loslassen ist für dich gleichbedeutend mit Scheitern. Du hast als Kind nur wenig Trost erfahren, und wenn du etwas nicht konntest, dann hattest du dich eben noch nicht genug angestrengt.

Dieser Kampf ist zweischneidig, denn manchmal lohnt es sich, um etwas zu kämpfen und am Ball zu bleiben. Aber in der Angstreaktion erkennst du nicht, ob deine Bemühungen sinnvoll sind oder ob du nur die Niederlage vermeiden willst, weil du nicht mit ihr umgehen kannst.

Erstarrung, Festhalten am Bekannten

Nur der Status quo ist sicher. Alles, was neu ist, wird argwöhnisch betrachtet. »Konservativ« nennt sich die Familie vielleicht, doch du spürst, wie groß die Angst vor Veränderungen ist. Die Eltern tun alles, um ihre Komfortzone nicht verlassen zu müssen, fahren zum Beispiel immer an den gleichen Urlaubsort, machen die Dinge so, wie sie sie schon immer gemacht haben, und ihre Erziehungsmethoden fußen auf dem, was schon die Großeltern durchgesetzt hatten. »Das hat mir auch nicht geschadet«, sagen sie und merken gar nicht, wie sehr sie sich irren. Das Leben fühlt sich irgendwie zäh an, eng, kleinkariert, hier passt der Ausdruck »spießig«. Du kämpfst mit deinen kindlichen, lebendigen Impulsen gegen vernünftige Argumente, die sogar stimmen können. Doch du spürst, es fehlt die Bereitschaft, sich den Wind des Lebens um die Nase wehen zu lassen. Türen und Fenster bleiben verschlossen, Neues hat keinen Platz in dem Elternhaus, in dem Erstarrung herrscht.

Nun hat es ja etwas sehr Beruhigendes, wenn die Dinge stabil sind. Vertrauen und Verlässlichkeit sind wichtige Werte, und es ist eine Kunst, Sicherheit und Beständigkeit für das Kind zu erschaffen und zu erhalten. Auch immer wieder an den gleichen Urlaubsort zu fahren kann wundervoll sein, wenn die Familie sich dort wohlfühlt. Doch in der Angstreaktion geht es um die Vermeidung von Lebendigkeit, nicht um das bewusste Erschaffen von Sicherheit und Freude.

Wege aus der Angst

Was aber sind sinnvolle Arten, Unwägbarkeiten zu begegnen, auf welcher Grundlage handeln mutige oder angstfreie Menschen?

Es gibt ein paar menschliche Eigenschaften, die der geistigen und emotionalen Gesundheit zugrunde liegen:

Die Fähigkeit, sich anzupassen – und das Wissen um diese Fähigkeit

»Survival of the Fittest« nannte Herbert Spencer, ein britischer Sozialphilosoph, 1864 die Überlebenschance einer Spezies im Sinne der Darwin'schen Evolutionstheorie. Was heißt das? Wir Menschen sind eine bis jetzt äußerst erfolgreiche Spezies. Weil wir uns hervorragend an die äußeren Gegebenheiten anpassen können. Leider missbrauchen wir diese Fähigkeit und passen uns auch da an, wo Widerstand viel gesünder wäre. Wir verleugnen unsere wahren Bedürfnisse nach Freiheit, Lebendigkeit und Selbstentfaltung und folgen den Vorgaben, die uns die Angst macht. Angepasstheit gilt als ein negativer Zustand, dabei ist er in Wahrheit unsere Stärke! Er geht nur darum, sich den wirklichen, den inneren Gegebenheiten anzupassen, nicht den von Menschen gemachten.

Also aus Lust am Leben zu handeln, nicht aus Angst zu vermeiden. Die »wirklichen Gegebenheiten« sind die, welche die Seele vorgibt, die eigene Natur, das Leben selbst, wenn du es so willst. Wenn du weißt, weil du es als Kind gelernt hast, dass es immer eine Lösung gibt, dass du in der Lage bist, auch Unangenehmes durchzustehen, ohne in Starre zu verfallen, wenn du erlebt hast, dass du schwierige Situationen nicht nur überleben, sondern sogar kreativ mitgestalten kannst, auch wenn sie wehtun, dann hast du einen riesigen Schatz. Das Leben findet immer wieder neue Wege, wenn wir uns ihnen nur öffnen, und du bist sehr viel anpassungsfähiger im positiven Sinne, als dir, wenn du Angst hast, bewusst ist. Deine Selbstheilungskräfte sind in jeder Hinsicht immens.

Sich selbst treu sein und die eigene Wahrheit leben

Wenn du von Angst geplagt wirst, dann versuchst du zu sehr, dich auf negative Weise anzupassen, also Schmerzen und Enttäuschungen zu vermeiden. Das ist verständlich. Damit vermeidest du aber auch das Leben. Je freier und offener du dafür bist, die Konsequenzen deiner Handlungen durchzustehen und zu tragen, einfach, weil es das wert ist, desto unbeschwerter gehst du durchs Leben. Gelassenheit entsteht, wenn du weißt, dass du, egal, was passiert, in deiner Mitte und deiner Wahrheit bleibst oder zumindest so rasch wie möglich wieder zu dir selbst zurückfindest. Wenn du weißt, dass du einen unverbrüchlichen Partner an deiner Seite hast, nämlich dich selbst, dann weißt du auch, dass du nahezu jede Situation meistern kannst. Meistens ist es Coabhängigkeit, das Gefühl, es allen anderen recht machen zu müssen, das uns in Wahrheit so viel Angst bereitet. Wenn du weißt, dass du in der Lage bist, sorgsam zu überprüfen, was du willst, und wenn du bereit bist, auch die Verantwortung dafür zu tragen, dann kann dir nicht mehr viel passieren. Wenn du dich darin erkennst, dann beschäftige dich mit Coabhängigkeit. Sich selbst treu zu sein ist eine der wesentlichen Voraussetzungen für ein erfülltes Leben. Selbstverrat bezahlst du teuer mit der Währung Angst.

Das Wissen um die eigenen Grenzen

Und selbstverständlich deren Anerkennung! Es gibt einen ungesunden Wachstumstrend in unserer Gesellschaft, eine ständige Selbstverbesserung, die letztlich auch wieder nur Stress bereitet. Natürlich ist es sinnvoll, wenn du dich so frei entfaltest, wie es dir nur möglich ist und wie es dich erfüllt. Aber das Streben nach Erleuchtung, nach Perfektion, nach Vervollkommnung hat Schattenseiten. Selbst die Suche nach dem inneren

Licht hat Schattenseiten, nämlich dann, wenn du vergisst, dass du ein Mensch bist und einer sein darfst. Du musst nicht alles können. Du darfst Fehler machen, du darfst straucheln, und du darfst scheitern. Es ist unfair, dir selbst zu sagen »Ich mache keine Fehler, ich mache nur Erfahrungen«, weil du den Schmerz, der mit dem Fehlermachen nun einmal einhergeht, leugnest. Das Gegenteil ist genauso schädlich, nämlich dich klein zu machen und dich bis ans Ende deiner Tage zu schämen. Das Wissen um die eigenen Grenzen enthält auch das Wissen um die eigenen Möglichkeiten! Wenn du unter Ängsten leidest, dann bist du in bestimmten Lebensbereichen schlichtweg überfordert und hast dir zu viel aufgeladen. Entweder lernst du, die Verantwortung auch wirklich zu tragen, was sehr wichtig ist, oder aber du gibst ein paar von den Lasten ab, die du mit dir herumträgst. Meistens ist es das Innere Kind, das diese Lasten trägt und gar nicht weiß, dass es das nicht mehr zu tun braucht.

Wem willst du etwas beweisen? Das ist eine ernst gemeinte Frage: Wem? Und was glaubst du, bekommst du dann? Wir sind im Kampf um die Anerkennung unserer Eltern verstrickt, im Kampf um Erfolg, darum, gesehen zu werden. Wir wollen erfolgreich sein, und das ist auch richtig so. Denn die gesamte Schöpfung will nichts anderes, als sich erfolgreich zu erweitern und fortzupflanzen. Aber sind wir das? Bist du erfolgreich, wenn du dich über Gebühr verausgabst? Dich anstrengst, dich selbst ausbeutest? Du darfst Nein sagen, du darfst Grenzen haben, und du darfst sorgsam mit deinen dir innewohnenden Kräften umgehen und haushalten.

Die meisten Menschen kennen ihre Grenzen nicht. In den Bereichen, in denen mehr Lebendigkeit, Inspiration und Mut erforderlich sind, halten sie ihren Spielraum für zu klein, und in den Bereichen, in denen Achtsamkeit und sorgfältiges Abwägen vonnöten sind, überfordern sie sich und überschätzen ihre Kräfte.

Ein ganz einfaches Beispiel: Traust du dir zu, vor vielen Leuten eine Rede zu halten? Nein? Bist du sicher, dass du deine Grenze richtig einschätzt, dass sie sich nicht deutlich erweitern ließe, wenn du nur die Angst vor der Beschämung überwinden könntest? Deine echten Grenzen zu respektieren bedeutet zunächst einmal, sich nicht mit zu wenig zufriedenzugeben! Wenn ich dich allerdings fragen würde, ob du mir einen Gefallen tun könntest, dann würdest du vermutlich ziemlich schnell Ja sagen, ohne zu prüfen, ob du überhaupt die Kraft dazu hast, richtig? Damit respektierst du deine eigenen Grenzen auch nicht. Denn statt deine Zeit jemand anderem zu schenken, brauchst du sie vielleicht für dich selbst. Leidest du unter Angst, dann lebst du einerseits in viel zu engen, andererseits aber in weit über dein Kräftespektrum hinausreichenden Komfortzonen.

Deine eigenen Werte kennen

Was ist dir heilig? Wofür brennst du, was willst du wirklich im Leben? Sind die Ziele, auf die du zustrebst, wirklich deine Ziele? Weißt du, was dir Kraft gibt, was dich wirklich erfüllt? Bemerkst du es, wenn du ein Ziel erreicht hast, und gibst du dich damit zufrieden? Der Wunsch, zu wachsen und nach vorn zu kommen, ist wichtig, weil das Leben sich nur so durchsetzt. Doch wenn wir als Kinder entmutigt oder angetrieben werden, dann vergessen wir, was wir wirklich wollen. In den schamanischen Traditionen gibt es in den Gesellschaften einen Alten, der die Träume der Kinder hütet. Er hört und sieht den Kindern genau zu. Wenn sie heranwachsen, erinnert er sie daran, was sie als Kinder immer wollten. Natürlich gibt es Kinderwünsche, die vergehen. Nicht jeder will tatsächlich Tierarzt oder Schauspieler werden. Aber die echten Begabungen, das, was ein Kind tief berührt, das kann man schon erkennen, wenn man nur genau hinschaut. Meine Mutter sagte mir einmal vor ein paar Jahren, ich hätte schon mit fünf Jahren gesagt, dass ich Leute massieren will. Das hatte ich völlig vergessen, aber weil ich das Glück hatte, meinen Weg gehen zu dürfen, habe ich mich mit siebzehn Jahren tatsächlich entschieden, Physiotherapeutin zu werden, und ich war sehr erfüllt und glücklich in diesem Beruf. Letztlich habe ich aus der Physiotherapie heraus einfach mein Spektrum an Hilfestellung erweitert, ich »massiere« jetzt die Psyche der Menschen. Verstehst du? Was ist dir heilig, was willst du wirklich, nicht nur beruflich? Willst du Tiere halten? Erfüllt es dich, ein Feuer zu machen? Was brauchst du wirklich zum Leben, wie groß oder klein sind deine Wünsche und Ansprüche? Und sind es wirklich deine eigenen? Wenn du zu groß oder zu klein lebst, dann bist du nicht in deiner Mitte, dann stimmt dein Energiefluss nicht, und das macht dich für Angst leicht empfänglich.

Die Fähigkeit, mit Enttäuschungen und Kummer umzugehen

Du kannst das Leben nicht kontrollieren und deine unmittelbare Reaktion auf die Ereignisse auch nicht. Aber du kannst sehr wohl dein Schicksal in die Hand nehmen. Klingt das wie ein Widerspruch? Es ist auch einer. Denn wir leben im Yin und im Yang, im Weiblichen und im Männlichen, in der Hingabe und der Tatkraft zugleich. Aus diesem Wechselspiel heraus entfaltet sich das Leben. Wir sind die einzigen Wesen auf der Erde, die ihr Schicksal bewusst in die Hand nehmen können, und das macht unsere Herausforderung so besonders. Wir können wählen. Und wir können eben auch wählen, im Schmerz, in der Vermeidung und im Kummer zu verharren. Dafür sind wir vollkommen selbst verantwortlich. Wie geht man mit Kummer und Enttäuschung »richtig« um? Ganz einfach: Du spürst die Gefühle, du gehst liebevoll mit dir selbst um, nimmst dir eine kleine Auszeit, und sei es, dass du dir einfach eine Pause vom ewigen »Gut drauf sein müssen« erlaubst, und trauerst! Jede Enttäuschung bedeutet, dass ein Traum gestorben ist, und braucht eine angemessene Trauerphase. Wenn du nicht bewusst trauerst, dann tust du es eben unbewusst, und das kann ein Leben lang dauern. Irgendwann, wenn du dir erlaubt hast, deine Gefühle zu spüren, und dich selbst damit in den Arm nehmen kannst, geht das Gefühl auch wieder vorbei, und das Leben setzt sich durch – Anpassungsfähigkeit! Deine Gefühlswelt ist bestrebt, in ein möglichst kräfteschonendes Gleichgewicht zu kommen, so, wie alles in deinem Körper. Es gibt emotionale Selbstheilungskräfte, die wirken, wenn man sie nur lässt. Bleibst du in der Schmerzvermeidung hängen, dann wirken sie nicht. Erlaubst du dir aber zu trauern, solange es eben dauert, und nimmst du deine Trauer ernst, dann geht sie wie jedes Gefühl irgendwann vorüber. Damit meine ich nicht die echten Katastrophen. Ein Kind zu verlieren, ein schweres Schicksal zu tragen, ohne Eltern aufzuwachsen, missbraucht zu werden – wenn du nicht allein klarkommst, suche dir unbedingt Hilfe. Lies nicht nur dieses Büchlein. Dann braucht dein Selbstheilungssystem Impulse von außen, denn die Erschütterungen waren zu stark. Doch die normalen (auch starken) Enttäuschungen, der übliche Kummer, das, womit wir eben klarkommen müssen, damit kann unser System durchaus hervorragend umgehen, wenn wir es ihm erlauben.

Große Gedanken denken

Gedanken sind Energie. Und Energien ziehen bestimmte Gedanken an. So entsteht ein Kreislauf, der dir Kraft gibt oder nimmt. Jeder Gedanke hat eine Frequenz, eine bestimmte Energiequalität. Es gibt angsterfüllte, enge, kleine Gedanken, die aufgeregt herumwuseln und dir den Atem rauben. Diese dich eng machenden Gedanken (Angst kommt vom lateinischen »angustia«, was »Enge« bedeutet) rauben dir sehr viel Lebenskraft und halten dich klein. Die haben wir alle, sie kleben an uns. Sollen sie ruhig. Denn da gibt es auch die anderen, die großen, weiten, kühnen Gedanken, die dir Energie geben und dich aufatmen lassen. Diese können wir rufen, wenn wir einmal wieder klein und eng sind. Wenn du gute, große Gedanken hast oder etwas liest, das dich stärkt, dann schreibe es auf. Du kannst Gedanken beinah wie Wesenheiten behandeln, du darfst sie rufen. Wenn sich deine Gedanken also einmal wieder im Kreis drehen und dir deine Energie rauben, dann rufe großartige, kühne Gedanken, die dir Mut machen. Setze den angsterfüllten einfach lichtvolle, mutige Energien entgegen. Das soll kein Kampf sein. Rufe sie einfach, und denke bewusst ein paar Mal am Tag einige großartige, in eine leuchtende Zukunft weisende und deine Träume widerspiegelnde Gedanken. Die kleinen Gedanken werden auf Dauer verschwinden, weil sie dir keine Lebenskraft mehr rauben können.

Du trainierst dein Vorderhirn, indem du bewusst große Gedanken denkst und rufst. Du schaltest vom instinktgetriebenen Stammhirn, in dem es um dein Überleben, aber nicht um die Verwirklichung großartiger Pläne geht, um auf die Großhirnrinde, in der Kreativität und Bewusstheit angesiedelt sind. Kämpfe nicht gegen die unbewussten, angsterfüllten Gedanken, sie kommen auch aus deinem Gehirn und sind somit Teil von dir. Aber du brauchst ihnen keinen Raum zu geben. Du kannst ihnen einfach einen bewussten, mutigen, leuchtenden Gedanken entgegensetzen. Große Gedanken haben sehr viel mehr Energie als kleine, deshalb reicht es, dir am Tag ein paar Minuten Zeit für deine bewussten Gedanken zu nehmen.

Emotionale Nüchternheit praktizieren

Ängstliche Menschen leben oft in einem negativen, emotionalen Drama und bestätigen sich ihre Ängste unbewusst, aber nicht immer unabsichtlich immer wieder selbst. (Es gibt auch unbewusste Absichten, die durchaus spürbar sind.) Ja, du hast recht. Alles kann passieren, du bist nicht sicher auf diesem Planeten, niemand ist das. Ist das ein Grund, um nicht rauszugehen und dem Leben die Hand zu reichen? Für dich schon, sagst du? Das verstehe ich, aber mehr haben wir alle nicht. Niemand ist sicher. Jeder kann heute Nachmittag sterben oder verlassen werden, sein Haus oder sein Kind verlieren. Jeder. Ich bitte dich: Schaue genau hin, auf welche Weise du deine Ängste schürst. Und auch, in welchen Bereichen deine Angst der Preis für deine eigene Lebensweise ist. Was meine ich damit? Wenn du Dinge tust, die dir selbst gegen den Strich gehen, bei denen du ein mulmiges (echtes) Bauchgefühl hast, wenn du gegen deine innersten Überzeugungen handelst: Sei es, dass du Fleisch aus Massentierhaltungen isst, obwohl du das Leid der Tiere spürst. Sei es, dass du für eine Firma arbeitest, die etwas herstellt, das du auf diesem Planeten nicht haben willst. Sei es, dass du dein Geld auf eine Weise anlegst, die zynisch ist und mit Leid und Mangel Rendite macht. Wenn du gegen deinen inneren Kompass handelst, dann wird er dir nachdrücklich die eigentliche, wahre Richtung anzeigen. Und das geschieht über Angst. Schaue also bitte genau hin, ob deine Angst nicht ein Hinweis darauf ist, dass du gegen deine Herzensweisheiten verstößt. Das können wir uns nicht leisten, und das sollten wir auch nicht. Emotionale Nüchternheit bedeutet, dass du hinter die Kulissen schaust, erkennst, worum es wirklich geht, und das aufgeregte, atemlose Getue (entschuldige) sein lässt. Sich aufzuregen ist nichts als Energieverschwendung. Aufregung macht zwar einen lebendigen Eindruck, doch am Ende raubt sie nur Kraft. Ändere die Dinge, oder nimm sie in Gelassenheit hin. Schalte um, wenn du die albernen Talkshows unerträglich findest, und ändere deine Angewohnheiten, wenn sie gegen deine Prinzipien verstoßen. Komme in Frieden mit dem, was du nicht ändern kannst, du reibst dich sonst umsonst auf. Es lohnt sich, um etwas zu kämpfen und ganz und gar Feuer und Flamme zu sein. Aber verschwende deine Lebendigkeit nicht mit aufregenden Albernheiten, die dich nur ablenken wollen. Das kannst du dir nicht leisten, denn du bist empfindsam, und dein System bekommt mit, was du tust. Es gibt für dein Gehirn keine neutralen Handlungen. Alles, was du tust, hat eine Hormonausschüttung zur Folge. Das Leben ist nicht auf Zeitverschwendung und Belanglosigkeiten ausgelegt. Dein Körper ist lebendig. Schaue dir deine Süchte an. Alles, was dich künstlich aufregt und künstlich in den Bann zieht, tut dir nicht gut. Es mag entspannend wirken, aber das ist es nicht. Ich spiele gerade ein Computerspiel, das echt süchtig machen kann. Es will mich entspannen, das suggeriert es mir. Aber das stimmt nicht. Es fordert mich heraus, aber auf eine ungute Art.

Das Leben hat weitaus bessere Herausforderungen zu bieten, echte. Doch die haben Konsequenzen, ein Computerspiel nicht. (Ich bin nicht gegen Computerspiele, es gibt auch sehr gute.) Verstehst du? Suche dir echte Herausforderungen, traue dich, die Konsequenzen auszuhalten und in Kauf zu nehmen, und lege den Unsinn beiseite, der dir nur Zeit stiehlt.

Erledige dein Tagesgeschäft

Das klingt einfach. Ist es auch. Aber für viele stellt es dennoch eine unüberwindbare Hürde dar. Ich habe vorhin gesagt, dass es keine neutralen Handlungen für dein Gehirn gibt. Alles, was du tust oder lässt, gibt dem Gehirn eine Information.

Du hast Angst, zum Briefkasten zu gehen, weil du Rechnungen befürchtest, die du nicht bezahlen kannst, weil du eine schlechte Nachricht erwartest oder weil du dich dem täglichen Ansturm von Forderungen und Aufforderungen nicht stellen willst. Das ist verständlich, wer will das schon?! Also gehst du nicht hin, du vermeidest die Konfrontation mit der Außenwelt. Was aber geschieht in deinem Gehirn? Immer dann, wenn du etwas vermeidest, verstärkt sich in deinem Gehirn die Überzeugung, es sei tatsächlich gefährlich, schmerzhaft oder bedrohlich. Verstehst du? Du vermeidest eine Situation, weil du Angst hast. Doch statt dir mit der Vermeidung etwas Gutes zu tun, bekommt das Gehirn die Information: »Es ist noch immer gefährlich, z.B. zum Briefkasten zu gehen, die Gefahr ist nicht vorbei.« Dadurch wird die Peptidkette, die sich im Gehirn gebildet hat (auf die Art lernen wir), verstärkt. Wenn du in der Vermeidung lebst, bestätigst du deine Angstschleife. Deshalb funktioniert Verhaltenstherapie bei Angst so gut. Du erlebst die gleiche Situation wieder, aber bewusst und nicht allein, du wirst gehalten und lernst, dich irgendwann auch selbst zu halten. Das Gehirn macht eine neue emotionale Erfahrung, und damit werden die Angstmuster nach und nach gelöscht. Nach und nach. Es braucht Wiederholungen. Und natürlich werden die Muster wieder gestärkt, wenn du erneut vermeidest.

Erledige das, was heute ansteht, egal, ob du gerade Lust darauf hast oder nicht. Warum? Weil du weißt, dass es ansteht. Alles, was unerledigt bleibt, tickt und ruft in deinem

Inneren. Wenn das zu viel wird, dann bist du überfordert, selbst wenn du auf der Couch liegst, einfach weil die To-do-Liste in dir in Leuchtbuchstaben blinkt. Aber Vorsicht! Auf deine To-do-Liste gehören nicht die Dinge, die du tust, um dich von dem, was wahrhaft ansteht, abzulenken!

Wenn auf deiner Liste seit Langem »Das Verhältnis mit meiner Mutter klären, mich gesünder ernähren und endlich meine Wahrheit sagen« draufsteht, dann kannst du den ganzen Tag putzen, bügeln und schuften, die Liste blinkt immer noch.

Das Innere Kind handelt so wie jedes Kind nach dem Angst- und dem Lustprinzip. Darum ist es kein guter Ratgeber für dein Erwachsenenleben.

Es hat Angst, verlassen zu werden, und es befürchtet Beschämung. Das sind die wichtigsten Vermeidungsgründe, und sie sitzen sehr tief. Wenn du mit diesen Prämissen versuchst, dein Leben zu leben, dann bist du in ewiger Habachtstellung.

Wenn du nicht bewusst in den Erwachsenenmodus umschaltest, dann wirken die Vermeidungsstrategien und die Suche nach sofortigem Lustgewinn, ohne dass es dir bewusst ist.

So. Das sind eine Menge Informationen. »Danke«, sagst du, »und jetzt? Wie soll ich das umsetzen? Könnte ich es, bräuchte ich doch dieses Buch nicht, Frau Hühn!«

Und du hast natürlich recht. Ich habe dir das Innere Kind versprochen, und jetzt wenden wir uns ihm zu. Denn all diese Fähigkeiten sind üblicherweise in uns angelegt. Angelegt. Aber nicht ausgeprägt. Dazu braucht es Unterstützung oder zumindest die Abwesenheit von Hemmung.

Du hast alle diese Fähigkeiten bereits in dir. Stelle sie dir als Samenkörner vor. Doch sie werden nicht gegossen, nicht gepflegt, sondern sogar am Wachsen gehindert. Du wirst erwachsen, doch die Kräfte, die du benötigst, um dein Leben zu meistern, sind nur kümmerlich vorhanden. Dafür hast du eine Menge Vermeidungsstrategien mit auf den Weg bekommen. Dann brauchst du dich nicht zu wundern, wenn du Angst hast! Denn das, was du brauchst, um dein Leben zu meistern, ist ja tatsächlich nicht oder nur in Ansätzen vorhanden.

Doch zum Glück gibt es auf dieser Ebene keine Zeit, und deshalb ist es auch nie zu spät für eine gesunde Kindheit. Denn so vernünftig und stark der Erwachsene in dir auch sein mag oder versucht, es zu sein, wenn das

Innere Kind in der Schmerzvermeidung gefangen ist, hat er keine Chance auf ein freies, selbstbestimmtes Leben. Das Innere Kind ist stärker, besonders wenn es verletzt, traumatisiert und ängstlich ist. Warum? Weil es im Stammhirn angelegt ist, und dieses ist entwicklungsgeschichtlich weitaus älter als die Frontallappen. Die älteren Hirnteile sind mit dem Instinkt gekoppelt, und die Hormonausschüttungen, die dem Instinkt folgen und damit das Überleben regeln, haben für dein Gesamtsystem aus Körper, Psyche und Geist immer Vorrang.

Bist du denn überhaupt erwachsen, so richtig, meine ich? Was meint das denn? Nun, erwachsen zu sein im ursprünglichen Sinne meint: Dein Gehirn ist voll entwickelt, und du kannst auch die erst im Teenageralter reifende Großhirnrinde nutzen. Hier sitzen Logik, Vernunft, kreative Problemlösungen, gesunde kognitive Fähigkeiten, Bewusstsein und die Fähigkeit, soziale, sinnvolle Lösungen auch bei komplexen Sachverhalten zu finden. Für die Evolution bildet die Entwicklung der Großhirnrinde einen immensen Energiegewinn, einen Quantensprung. Welchen wir selbst oft genug nicht wirklich vollziehen, weil wir so sehr in der Vermeidung feststecken, dass wir gar nicht erkennen, welche Schätze, welche psychischen und kognitiven Fähigkeiten, in uns schlummern.

Das Innere Kind also.

Was braucht das Innere Kind? Ermutigung, Schutz, Halt, Geborgenheit, Trost, Anerkennung, das Gefühl, gesehen und wahrgenommen zu werden. Von wem braucht es das? Von dir. Und das ist eine wundervolle Nachricht. Du hast deine innere Freiheit nämlich beinah vollkommen selbst in der Hand. Das kannst du nicht, sagst du? Du brauchst es nicht allein zu tun, das Innere Kind hat machtvolle Helfer. Deine Aufgabe ist es nur, diese Helfer auch zu rufen und dem Inneren Kind einen bewussten, guten Platz zu geben. Warum? Wenn du das nicht tust, dann wirkt das Innere Kind unbewusst und ist unerreichbar für liebevolle, schützende Kräfte.

Wenn du mir bis hierher gefolgt bist und immer noch nickst, dann hast du den größten Schritt schon getan. Ab hier zeige ich dir Übungen und Meditationen, mit denen du deinem Inneren Kind Mut machen kannst, es kennenlernst und seine Kraft, seinen Zauber und seine wahre Natur in dir entfaltest.

Dann wirst du viel weniger Angst haben. Warum? Weil du gelernt hast, gut auf den empfindsamsten Teil in dir aufzupassen. Und damit wirst du frei, du kannst dich schützen, ohne dich abschotten zu müssen. Du kannst mit dem Leben tanzen, angstfrei, weil du weißt, wie du dein Inneres Kind vor Schäden bewahrst. Deshalb können die Neugier, die Abenteuerlust, die Wildheit deines Inneren Kindes wachsen und gedeihen, denn nun ist es nie mehr allein: Es hat dich, und mit dir kann es sich frei entfalten, statt ängstlich in der Ecke zu sitzen oder lauthals zu schreien.

Das ängstliche Innere Kind kennenlernen

Können wir uns also darauf einigen: Es gibt einen Anteil in dir, der dich, egal, wie sehr du auch dagegen angehst, daran hindert, deine ganze Kraft zu entfalten, weil er Angst hat?

Dieser Anteil braucht nichts zu lernen, er braucht nicht davon überzeugt zu werden, dass alles gut ist, er darf ängstlich bleiben. Denn er hat seine Erfahrungen, und es stimmt ja auch: Es kann immer etwas passieren. Das Einzige, was er nicht mehr darf, ist, dein Leben zu bestimmen. Und deshalb übernehmen wir ab sofort die bewusste Verantwortung für diesen inneren Anteil und beschützen ihn.

Dazu lade ich dich auf eine innere Reise ein.

Meditation: Das ängstliche Innere Kind kennenlernen

Mache es dir bequem, es gibt nun nichts mehr für dich zu tun. Du brauchst niemandem zu gefallen und niemandem etwas zu beweisen. Die Erde trägt und versorgt dich. Du darfst dich ihr anvertrauen und die innere Anspannung ein wenig lösen. Sage dir selbst ganz ausdrücklich: »Ich bin so sicher, wie ich es nur sein kann. Es ist warm genug, ich liege bequem, ich bin genährt, und es gibt Wasser in meiner Nähe. Mehr brauche ich im Moment nicht, um mich sicher zu fühlen.« Lass jedes innere »Ja, aber …« ruhen, und atme tiefer. Stelle dir vor, es gibt in deinem Gehirn zwei Schalter, mit denen du von Angst auf Entspannung und Selbstvertrauen umschalten kannst. Sie liegen etwa zwei Zentimeter tief im Gehirn, auf Höhe der Schläfen, links und rechts. Lege beide Schalter um. Sieh, wie dein Gehirn im Stirnbereich aufleuchtet, und fühle das Licht und die Wärme hinter der Stirn. Die Stirn beginnt förmlich zu strahlen.

Nun stelle dir bitte ein Tor vor, das du mühelos durchschreitest.

Hinter dem Tor findest du eine zauberhafte Landschaft, in der du ein wenig spazieren gehst. Du weißt, hier wartet ein Wesen auf dich. Es macht schon sehr lange auf sich aufmerksam, indem es durch deine Gefühle nach dir ruft.

Du gehst weiter, alles ist gut. Du weißt nicht, was dich erwartet, doch du fühlst dich völlig sicher und entspannt in dieser Naturlandschaft.

In einiger Entfernung bemerkst du auf einmal eine besonders markante Stelle in der Natur. Und hier sitzt oder spielt ein Kind. Gehe hin zu dem Kind, egal, ob du es kennst oder nicht. Setze dich zu ihm, und schaue ihm eine Weile zu, wenn sich das gut anfühlt. Du kannst es in den Arm nehmen und ihm sagen: »Ich bin für dich da. Ich sehe dich, ich höre dich, und ich nehme dich wahr. Ich halte dich. Du musst nie mehr allein sein. Egal, was passiert, ich halte dich. Ich sehe deine Angst, und ich bin da.«

Wie reagiert das Kind? Kuschelt es sich an dich? Braucht es noch Abstand? Glaubt es dir, vertraut es dir?

Frage das Kind nun bitte: »Wovor hast du denn solche Angst, was befürchtest du?«

Egal, was das Kind nun antwortet, glaube ihm, lass es gelten, und nimm es ernst. Genau deshalb wütet die Angst ja so in deinem Leben: Sie will gesehen werden. Glaube ihm. Das Innere Kind hat seine Gründe. Antwortet es jetzt nicht, dann wird die Antwort später in dir aufsteigen, sei sicher. Du hast gefragt, dein System wird antworten, das tut es immer.

Auf dieser Ebene kannst du dir nichts einbilden. Egal, wie absurd dir die Antwort auch erscheinen mag, nimm sie zumindest als Wegweiser.

Sei einfach bei diesem Inneren Kind, halte es, und höre ihm zu, oder teile schweigend den Raum mit ihm. »Was brauchst du?«, kannst du es fragen, wenn du willst, aber vielleicht weißt du es auch schon. Es braucht dich, die Nähe zu dir und das Wissen, dass es gesehen wird und dass es nicht alles allein tragen und machen muss.

Erlaube dem Inneren Kind nun, dir eine Erinnerung zu zeigen, eine Szene aus deiner Kindheit, die vielleicht sogar eine der Ursachen für seine Angst ist. Eine Situation, in der es in Not war und die es geprägt hat. Egal, wie oft du dir diese Szene womöglich bereits angeschaut hast, vertraue deinem Inneren Kind. Es weiß genau, was es braucht. Kinder wissen das. Nun entsteht ein Bild, eine Erinnerung. Ich bitte dich, gehe hinein, und fühle, was das Innere Kind fühlt, egal, wie sehr es dir widerstrebt. Nimm also die Szene wahr, sieh dich als Kind in Not. Und jetzt – JETZT – gehe als der Erwachsene, der du ja auch bist, mit in die Situation hinein. Du bist nun zweimal da, als Kind und als Erwachsener. Gehe zu dem Kind hin, und hilf ihm, rette es. Nimm es in den Arm, und sage ihm: »Ich bin für dich da, und ich werde nie wieder erlauben, dass du im Stich gelassen wirst.« Und dann nimm das Kind an die Hand oder auf den Arm, und führe es aus der Situation heraus, verlasst einfach den Raum. Führe es in die wunderschöne Natur, und halte es. Tröste das Kind, und versprich ihm, es von nun an aus allen verletzenden Situationen herauszuholen.

Ich, Susanne, ziehe mich nun aus dieser inneren Reise zurück und lasse euch in dieser gesunden, kraftspendenden Landschaft sitzen. Genießt euer Zusammensein.

Irgendwann verblassen die inneren Bilder, und du kommst mit deinem Bewusstsein ganz von selbst durch dein Tor zurück in die äußere Welt. Deine innere Welt aber ist genauso real und wirkt auch weiterhin, egal, wo du dich mit deinem Bewusstsein aufhältst.

Immer dann, wenn du von nun an diese der äußeren Situation unangemessene Angst spürst, nimm dir ein bisschen Zeit. Suche das Innere Kind auf, und frage es, was es befürchtet. Nimm es ernst. Höre ihm zu. Rede ihm diese Angst nicht aus, sondern sage ihm: »Ich bin bei dir, du bist nie mehr allein, ich halte dich.« Warum reden wir dem Kind die Angst nicht aus? Erstens nutzt es nichts, zweitens können wir es nicht glaubhaft. Denn du weißt nie, was passiert. Wir können nicht verhindern, dass Dinge geschehen, die uns verletzen, schaden oder beschämen. Wir können eine Menge tun, um das zu vermeiden, aber nicht alles. Sonst versäumen wir das Leben selbst. Wir können aber eines tun, und das ist wesentlich: Wir lassen unser Inneres Kind nicht mehr allein. Denn das ist die größte Angst des Inneren Kindes: allein, einsam zu sein und das Leben irgendwie meistern zu müssen, obwohl es das nicht kann. Es ist ein Kind. Es kann dein Leben nicht meistern, und das braucht es auch nicht. Die meisten Erwachsenen-Angelegenheiten sind für das Innere Kind zutiefst bedrohlich, weil es immer Angst hat, verlassen zu werden. Verlassen zu werden ist für ein Kind gleichbedeutend mit dem Tod. Ist das übertrieben? Nein. Es stimmt einfach. Kinder sterben, wenn sie verlassen werden. Es ist eine echte lebensbedrohliche Situation, als Kind allein zu sein, und dein Gehirn weiß das.

»Ich komme in zehn Minuten wieder« – für ein kleines Kind hat dieser Satz keine Bedeutung. Zumal es nicht wissen kann, ob es stimmt, selbst wenn es seinen Eltern zutiefst vertraut. Die Spanne, in der es sich selbst halten und ruhig bleiben kannt, ist sehr kurz, meistens sehr viel kürzer, als ihm das Alleinsein zugemutet wird. Das ist aus Sicht der Eltern sehr verständlich, es geht nicht um Schuldzuweisung. Du bist erwachsen, deine Eltern haben dir vieles von dem gegeben, was du gebraucht hast. Sonst hättest du dieses Buch nicht in der Hand. Du kannst lesen, du hast also eine Bildung erhalten, und du bist nicht verhungert. Alles ist gut. Doch jetzt darfst du ein bisschen mehr für dich tun.

Während der gesamten Menschheitsgeschichte haben Kinder die Erfahrung gemacht, zu verhungern, zu verdursten oder gefressen zu werden, wenn sie verlassen wurden. Das weiß der Mandelkern, über den wir ganz zu Beginn gesprochen haben.

Das größte Trauma, das, was am tiefsten sitzt, ist die Beschämung. Scham erleben wir meistens sehr früh, zu einer Zeit, in der wir noch keine Sprache haben und erst recht noch keine Möglichkeiten, uns selbst zu beruhigen. Scham vernichtet uns. Im Gegensatz zur Schuld, bei der wir glauben, wir hätten etwas falsch gemacht (was ja manchmal auch stimmt), fühlen wir uns in der Scham komplett falsch, die gesamte Existenz steht infrage. Dieser Schmerz ist so immens, dass wir alles, wirklich alles zu tun bereit sind, um das nie wieder fühlen zu müssen. Wir haben keine Chance, Scham auszumerzen, weil es nichts gibt, was wir wiedergutmachen könnten. Fühlen wir uns schuldig, haben wir zumindest eine Handlungsebene, wir können Schulden welcher Art auch immer begleichen. Schämen wir uns für unsere Existenz, können wir uns als strikte Konsequenz nur selbst auslöschen. Wir sind als Kinder einfach vollkommen unserem emotionalen Erleben ausgesetzt, es gibt noch keine Filter und keine inneren bewussten Aufräumarbeiten.

Diese Scham nie wieder zu erleben, dieses vernichtende Gefühl um jeden Preis zu vermeiden, ist eine der Hauptursachen für Angst. Denn die Angst schützt vor der Scham. Wenn du Herausforderungen erst gar nicht angehst, dann kannst du auch nicht beschämt werden. Nimm das Innere Kind in den Arm, und sage ihm, dass du bei ihm bist. Dann brauchst es keine Angst mehr vor Scham zu haben. Denn es hat ja nun dich.

Der Zaubergarten

Heißt das, du sollst nun immer und überall dein Inneres Kind auf dem Arm mit dir herumtragen und es nie wieder aus den Augen lassen?

Natürlich nicht. Denn du hast als Erwachsener Dinge zu regeln und ein Leben zu führen. Das Innere Kind hat weder auf deiner Arbeit noch in schwierigen Gesprächen etwas zu suchen. Nicht bei einem Besuch bei deinen Eltern und auch nicht in deiner Liebesbeziehung. Dein Inneres Kind braucht einen inneren, sicheren Raum, der ein paar Eigenschaften haben muss:

Freiheit und Geborgenheit zugleich
einen verlässlichen Hüter
leichte Erreichbarkeit
Sicherheit
die Chance, zu heilen und zu reifen

Zum Glück gibt es einen solchen inneren Ort, ich nenne ihn den »Zaubergarten des Inneren Kindes«.

Meditation: Der sichere Zaubergarten

Du machst es dir bitte ganz bequem ... entspannst dich, atmest ruhig und langsam ... Vor deinem inneren Auge entsteht eine wunderschöne Landschaft, eine Landschaft, die deiner Seele entspricht. Vielleicht kennst du sie schon, vielleicht entsteht sie genau jetzt vor deinem inneren Auge. Schaue dich in aller Ruhe um, entspanne dich, gehe spazieren … Es gibt einen kleinen Weg, einen Pfad, und du gehst ihn gemächlich und friedlich entlang. Du nimmst die Landschaft mit all deinen Sinnen wahr, entspannst dich, lässt dich verzaubern. Nimm dir Zeit, anzukommen und die Landschaft zu erforschen. Sie ist beinahe magisch, und du fühlst dich augenblicklich wohl und entspannt.

Irgendwann kommst du zu einer Lichtung, hier ist es ganz still, und du spürst, etwas ganz Besonderes erwartet dich … Achtsam näherst du dich der Lichtung.

Auf einmal entdeckst du ein kleines Kind, ein Mädchen oder einen Jungen. Als Frau kannst du durchaus auch ein männliches Inneres Kind haben oder umgekehrt. Vielleicht kennst du das Kind schon, vielleicht nicht. Achte besonders darauf, ob es dich kennt und ob es auf dich zukommt. Dieses Kind ist vielleicht sehr verletzt, vielleicht spielt es auch friedlich mit den Tieren auf dieser Wiese oder im Wald, wo es sich befindet. Schaue es dir in Ruhe an, und gehe bitte mit ihm um, wie du mit einem Kind umgehen würdest, das du sehr liebst und beschützen willst. Frage das Kind, was es braucht, wenn es mit dir spricht. Wenn nicht, dann setze dich einfach in seine Nähe, und gib ihm Zeit, dich kennenzulernen.

Es wird Zeit, die Verantwortung für dieses Innere Kind zu übernehmen, und du spürst, wie sich der erwachsene Teil in dir innerlich aufrichtet und stärker wird. Du spürst die Mutter, den Vater in dir.

Nimm das Kind in die Arme, wenn du möchtest und wenn es das zulässt. Sage ihm: »Ich bin jetzt da. Ich sehe dich, ich höre dich, und ich nehme dich wahr.« Und dann sage ihm, dass du einen wunderbaren Ort kennst, einen Zaubergarten, in dem seine tiefsten und geheimsten Wünsche und Sehnsüchte erfüllt werden, in dem es behütet und geschützt ist, nie wieder allein, nie wieder einsam sein muss. An diesem Ort wird es nie wieder verletzt werden, es darf sich endlich entspannen und bekommt, was es braucht. Sage ihm, dass du gekommen bist, um es nach Hause zu bringen.

Du beginnst, den wunderschönen Weg weiterzugehen, und dein Inneres Kind begleitet dich. Vielleicht trägst du es, vielleicht nimmt es deine Hand, vielleicht aber springt es auch vergnügt vor dir her. Die Natur wird immer geheimnisvoller, magischer, immer schöner. Du fühlst dich wie in einem besonders geheimen Teil deiner inneren Landschaft, und so ist es auch. Auf einmal kommst du an ein Tor. Ein Wächter steht davor, er ist groß und machtvoll.

»Was ist dein Begehr?«, fragt er dich mit ernster Stimme, und du antwortest: »Ich bringe mein Inneres Kind nach Hause.«

Augenblicklich öffnet sich das Tor, und du betrittst den schönsten Garten, den du je gesehen hast: einen Ort voller Magie, Liebe, Heilung, Fantasie und Geborgenheit. Dein Inneres Kind hüpft begeistert hinter dir her, vielleicht ist es auch bereits vorausgerannt. Der Zaubergarten ist wunderschön, hier findest du alles, was das Herz deines Inneren Kindes begehrt. Ein großer, sehr heller Engel tritt auf dich zu. Er begrüßt dich und das Kind sehr liebevoll und sagt dir:

»Ich bin der Hüter dieses Ortes. Bei mir ist dein Inneres Kind sicher. Es bekommt hier alles, was es braucht. Du kannst mir vertrauen und es mir immer dann überlassen, wenn du im Außen als Erwachsener reagieren musst und willst.«

Nimm wahr, wie sehr es dich erleichtert zu wissen, dass dein Inneres Kind nun einen idealen, sicheren Ort hat, an dem es bekommt, was es braucht, behütet und genährt wird.

Was auch immer dein Inneres Kind braucht, hier und jetzt bekommt es Heilung. Sei bitte ganz offen für die Art und Weise der Heilung, hier kann wahrhaftig alles geschehen. Für das Innere Kind ist es genau richtig, und du wirst gleich spüren, wie etwas in dir zur Ruhe kommt.

Sieh dein Kind, wie es erfüllt und glücklich ist, wie es endlich bekommt, was es braucht, und wisse, dass seine Bedürfnisse in diesem inneren Zaubergarten immer erfüllt werden. Hier kann dein Kind heilen, hier kann es sich erholen, hier ist der Ort, an dem es ganz werden darf und seine Liebe, Zauberkraft und Freude entfalten kann.

Dieser Ort befindet sich mitten in deinem Herzen, und von hier aus kann das Innere Kind nun seine Liebe und Glückseligkeit in dein Leben hineinstrahlen lassen.

Wann immer du bemerkst, dass dein Inneres Kind Verantwortung für eine schwierige Situation übernehmen will, wann immer dieses hilflose und verzweifelte Gefühl kommt, kannst du es in den Zaubergarten schicken, den Hüter des Gartens bitten, für das Kind zu sorgen.

Spüre bitte ganz deutlich, dass sich der Zaubergarten in deinem Herzen befindet, und bitte das Innere Kind, dir seine Energie in dein Herz zu senden. Nimm wahr, wie sich das anfühlt, wie warm und frei dein Herz auf einmal wird. Behalte das warme Gefühl im Herzen, erlaube, dass es sich in deinem ganzen Körper ausbreitet, und nimm deine Umgebung wieder wahr. Bleibe innen angebunden, und öffne deine Sinne gleichzeitig für die äußere Welt. Recke und strecke dich, und sei ganz zuversichtlich, du hast nun einen Schutzraum für den verletzlichsten, liebevollsten Teil deines Selbst gefunden!

Wann nun schickst du das Innere Kind in den Zaubergarten, und lässt du es damit nicht schon wieder allein?

Es ist ganz einfach. Ein ungehütetes, weil unbewusst wirkendes Inneres Kind versucht, das Leben mit all seinen schwierigen Aspekten aus seinen kindlichen, eingeschränkten, weil vermeidenden Möglichkeiten heraus zu regeln und zu meistern. Es steht bildlich gesehen vor dir, es wirkt nach außen und ist nach außen hin auch deutlich sichtbar, egal, wie erwachsen du auch erscheinen magst. Es gibt eine Menge ungehüteter Innerer Kinder auf der Suche nach Bestätigung und Liebe im Nadelstreifenanzug und im Armani-Kostüm. Ich nutze gern das Bild eines Wetterhäuschens: Entweder steht die Regen- oder die Sonnenfigur vorn, sie können nicht zusammen agieren. Und so ist es mit dem Inneren Kind und dem inneren Erwachsenen. Warum? Weil der Erwachsene und das Innere Kind von verschiedenen Hirnregionen aus gesteuert werde. Und nur jeweils eine davon hat das Kommando.

Das ungehütete Innere Kind kämpft noch immer um die Liebe der Eltern, und es führt eine Beziehung vor allem, um seine Bedürfnisse nach Liebe, Trost, und Aufmerksamkeit zu erfüllen. Es ist weder zu konstruktiver Kritik fähig, noch kann es allein oder zusammen mit anderen echte und sachbezogene Lösungen finden, wenn es Schwierigkeiten gibt. Das Innere Kind sichert immer erst einmal seinen eigenen Platz im jeweiligen System, bevor es sich um Lösungen kümmert, weil die Sicherheit der eigenen Position überlebensnotwendig ist. Für das Kind. Nicht für den Erwachsenen. Der hat seine Position, er ist bei sich, und mehr braucht er nicht.

Da wirken aber eine Menge ungehüteter Innerer Kinder, bemerkst du vielleicht, wenn du an deine Arbeitssituation denkst. Nun ja. So ist es.

Wann also nutzen wir den Zaubergarten?

Meistens wissen wir schon vorher, dass unser Inneres Kind in einer Situation nichts zu suchen hat. Immer dann, wenn du Verantwortung übernimmst, sei es für eine Sache oder für andere Menschen. Immer dann, wenn du funktionieren musst, und das meine ich gar nicht negativ. Also immer im Beruf, egal, welchen Beruf du hast.

Wenn du Mutter oder Vater bist, dann sowieso. Denn das Innere Kind gerät in zum Teil sehr unheilvolle Resonanzen mit deinen äußeren Kindern – immer dann, wenn sie etwas dürfen, was dein Inneres Kind nicht darf, oder wenn sie mehr Aufmerksamkeit und Liebe von dir bekommen, als dein Inneres Kind erhält! Das merkst du nicht bewusst. Aber du bist gereizt, überfordert, irgendwie nicht ganz bei dir.

Immer dann, wenn es darauf ankommt, dass du in deiner Mitte bleiben kannst, immer dann, wenn du Gefahr läufst, beschämt oder verletzt zu werden.

In deiner Beziehung mit deinem Partner hat dein Inneres Kind nichts zu suchen, die Beziehungen führen Mann und Frau, nicht Kind und Vater oder Mutter. Übersetze dir das, wenn du gleichgeschlechtlich liebst, das Prinzip ist dasselbe.

Wenn dein Gegenüber sehr im Inneren Kind festhängt, sei es dein Chef oder deine Mutter, ist es umso wichtiger, dass dein eigenes Inneres Kind sicher im Zaubergarten ist und auch dort bleibt. Deshalb der Wächter. Denn das Kind ist es so sehr gewöhnt, nach vorn zu rennen und die Dinge zu regeln, weil es das schon immer musste, dass du wirklich ein bisschen Kraft aufwenden musst, um bewusst im Erwachsenen-Ich zu bleiben. Der Zaubergarten hilft dir, die Hände frei zu haben, wenn du im Außen frei und selbstverantwortlich agieren willst.

Schicke dein Inneres Kind unbedingt in den Zaubergarten, wenn du dich den Situationen widmest, in denen du deine Angst spürst, und handle aus dem Erwachsenen-Ich heraus. Und dann erwarte Wunder. Bei dir, aber auch bei anderen.

Es gibt einen bahnbrechenden Unterschied, ob du unbewusst und dich selbst kontrollierend aus dem Inneren Kind heraus reagierst, deine Dinge irgendwie aus dem Stamm- und Säugetierhirn heraus regelst, oder ob du ganz ausdrücklich und bewusst für Sicherheit sorgst und dann aus dem Erwachsenen-Ich, aus dem Frontallappen heraus, agierst.

Verstehst du? Mithilfe des Zaubergartens kannst du entscheiden, aus welchen Hirnteilen heraus du der Welt begegnest!

»Und wann lasse ich mein Inneres Kind wieder raus«?, fragst du vielleicht, als wäre der Zaubergarten ein Gefängnis. Immer dann, wenn du eine sichere Situation erschaffen hast. Wenn du zum Beispiel allein bist und dir einfach Zeit für dich selbst nimmst. Wenn du mit deinem Partner oder mit Freunden zusammen bist, mit denen du ungehemmt herumalbern darfst, ohne Gefahr zu laufen, beschämt zu werden. Menschen, die dich beschämen, sind Gift für dein Inneres Kind, nimm das bitte ernst. Wenn du ihnen nicht entkommst, dann bringe, bevor du diesen Menschen begegnest (und das können durchaus deine engsten Angehörigen sein, sogar oder auch gerade deine heranwachsenden Kinder!), unbedingt dein Inneres Kind an diesen sicheren Ort. Wenn du mit Tieren zusammen bist, für die gut gesorgt wurde. Für die Versorgung ist der Erwachsene verantwortlich. Nimm dir bewusste Auszeiten, die du mit deinem Inneren Kind verbringst, in denen du seine Lebendigkeit und Freude am Leben, aber eben auch die tiefe Verletzlichkeit ungefiltert erlebst.

Musst du jedes Mal eine lange Meditation durchführen? Nein. Übe bitte, das Innere Kind schnell in dir aufzusuchen, es zu finden, auch wenn es einmal wieder versucht, das Außen zu regeln (gerade dann!), und bringe es ohne Umschweife einfach in den Zaubergarten. Das kann eine Sache von Sekunden sein, wenn du es übst. Und genau darum geht es: WENDE ES AN! Das ist kein Trick. Es ist eine bewusste Entscheidung, aus dem Erwachsenen-Ich heraus zu handeln, die du immer wieder treffen kannst und auch musst. Ich verspreche dir, das Innere Kind gewöhnt sich daran, nicht mehr vorn zu stehen, und lässt schnell los, sodass du immer selbstverständlicher gelassen und selbstsicher bleiben kannst. Doch es will geübt werden, da kommst du leider nicht drum herum. Selbstverantwortung ist – wie immer – der Schlüssel.

Was der Zaubergarten allerdings nicht leistet – er ist kein Kinderaufbewahrungsort, wo du dein Inneres Kind verwahrst, damit du dich weiter selbst ausbeuten kannst.

Angstzustände kommen immer dann, wenn dir etwas in deinem Leben schadet, meistens, ohne dass du es bewusst bemerkst. Ein Beispiel, wie das wirken kann:

Eine Seminarleiterin, nennen wir sie doch der Einfachheit halber Susanne, ist sehr viel unterwegs. Sie liebt ihren Beruf, fährt meistens an schöne Orte, und weil sie auch Bücher schreibt, ist sie oft auf Messen. Susanne liebt ihr Zuhause und ist tief dankbar, dass sie ihre Bücher dort schreiben kann. Sie hat ihren Aszendenten im Krebs und braucht ein kuscheliges Nest. Zudem ist sie ein Scheidungskind, und ihr Inneres Kind benötigt viel Stabilität, seine Katzen und Geborgenheit. Ihr Beruf erfordert viele Reisen. Weil sie sich gut um ihr Inneres Kind kümmert und sehr bewusst lebt, glaubt sie, alles im Griff zu haben. Sie weiß, dass sie zu viel unterwegs ist und ab und zu dadurch ihre innere Mitte verliert, doch sie weiß auch, wie sie diese Mitte wiedergewinnt, und dass das nun einmal der Preis dafür ist, dass sie ihren Traumberuf ausübt.

Seit einem Jahr etwa plagen sie ab und zu Atembeschwerden und eine Enge in der Brust. Sie hustet und befürchtet, eine Art chronische Bronchitis zu haben. Da die Atembeschwerden nicht besser werden, verspricht sie sich selbst, zu einer Heilpraktikerin zu gehen, wenn sie von einer ihrer vielen Reisen zurückkommt.

Auf dieser Reise bin ich gerade. Ich sitze auf einem Balkon und schaue aufs Meer, ich bin auf Teneriffa, und in einer Stunde fängt mein Seminar an. Ich habe mich seit einem Jahr auf diese Reise gefreut, doch als ich gestern losfahren wollte, bekam ich fast keine Luft mehr, und ich habe mir beinah die Augen aus dem Kopf geweint. Diese Atemnot fühlte sich wie ein Panikanfall an. Das Gleiche ist heute wieder passiert, während ich eine Shiatsu-Behandlung eben wegen dieser Atembeschwerden bekam.

So, hier sitze ich nun an einem wirklich traumhaften Ort, und mein Inneres Kind will einfach nur heim. Ich habe ihm zu oft Heimweh zugemutet. Das wurde mir während dieser Behandlung klar. Es vermisst seine Katzen. Ich dachte immer, ich fahre ungern weg, weil ich fürsorglich bin, nicht loslassen kann und mich über Gebühr kümmern will. Pustekuchen. Mein Inneres Kind vermisst seine Katzen – und das wirklich sehr. Ich habe Schuldgefühle, wenn ich wegfahre, weil ich meine Katzen nicht allein lassen will (sie sind nicht allein, weil ich in einer Hausgemeinschaft lebe), doch darum geht es nicht. Die Schuldgefühle sind ein Trick meines Inneren Kindes, weil ich seinen Schmerz nicht sehe. Schuld macht mich aufmerksamer als Schmerz. Das Kind vermisst seine Gefährten so sehr, dass es schon wieder weint, während ich schreibe. Nur das Kind, die Erwachsene sitzt hier und lebt ihren Traum. Hallo! Ich schreibe dieses Buch, während ich aufs Meer schaue. Ich bin auf Teneriffa und bekomme auch noch Geld dafür. Es geht nicht besser, und das stimmt. Und mein Inneres Kind weint, weil es seine Katzen vermisst, und das stimmt auch. Es hält jedes Mal, wenn ich das Haus verlasse, die Luft an und atmet erst wieder weiter, wenn ich zurück bin. Das weiß ich seit einer halben Stunde in dieser Deutlichkeit.

So ist das mit dem Inneren Kind. Ich muss nun eine Lösung finden, ich kann es nicht in den Zaubergarten bringen und meine Katzen energetisch dazurufen, das reicht nicht. Ich würde es damit – was ist ein netteres Wort für »verarschen«? Mir fällt wirklich gerade keins ein.

Wir können unser Inneres Kind nicht täuschen (da ist auf einmal das nettere Wort). Wir können es nicht einfach in den Zaubergarten bringen, damit wir uns selbst und ihm weiter schaden können. Es muss gehört werden. Der Zaubergarten dient dem Leben, nicht der Selbstausbeutung. Du kannst die Bedürfnisse des Inneren Kindes lästig, sogar albern finden, aber das ändert nichts. Im Gegenteil: Durch deine Ablehnung kommt noch ein weiteres Bedürfnis hinzu, nämlich das nach Akzeptanz.

Was mache ich nun also? Zunächst erkenne ich die Not meines Inneren Kindes an, selbst wenn ich hier am Meer sitze und von Not wirklich keine Rede sein kann. Aber ich kann nicht richtig atmen, also stimmt da wirklich etwas nicht. Ich sage dem Kind: »Ich sehe dich, und ich sehe deine Not, und es tut mir leid. Ich wusste nicht, dass du die Katzen so sehr vermisst, und ich nehme dich sehr ernst.« Ich nehme es fest in den Arm und bitte es um Vergebung, denn mir war sein Schmerz wirklich nicht in dieser Schärfe bewusst.

Dann frage ich mich selbst, bei welchen Seminaren mein Atem enger wird und bei welchen ich aufatmen und loslassen kann. Und ich verspreche mir selbst, von nun an alles zu unterlassen, das sich dermaßen eng anfühlt. Kann ich mir das leisten? Nein. Tue ich es dennoch? Ja. Weil mir das Leben eine andere Lösung servieren muss. Wenn ich krank werde, weil mein Inneres Kind unglücklich ist, dann brauche ich eine persönliche Evolution. »Survival of the Fittest« heißt die Devise – ich muss mich den Gegebenheiten anpassen. Aber nicht den äußeren, wie wir das immer tun. Sondern, und das ist wirklich sehr wichtig, den inneren! Und schon atme ich auf, schon wird etwas leichter, schon entspannen sich meine Schultern, während ich das schreibe. Ernsthaft. Vielleicht spürst du es selbst.

Mute dem Leben zu, eine neue Lösung für dich zu finden, und höre auf, dich selbst auszubeuten. Das klingt so einfach, und ich weiß, dass es das aber oft nicht ist. Aber es stimmt trotzdem. Halte dem Leben den Raum offen für eine neue Lösung, und sage Nein zu dem, was dein Inneres Kind so sehr stresst, ängstigt oder verletzt.

Das Mut-Krafttier des Inneren Kindes

Wir haben das Innere Kind kennengelernt, es angehört und ihm einen sicheren Ort gegeben. Doch wir können noch mehr tun. Denn wir sind ja daran interessiert, die Neugier, die Aufgewecktheit, die Lebendigkeit des Inneren Kindes zu fördern. So, wie uns seine Angst deutlich lähmt, so kann uns die Freude des Inneren Kindes reich beschenken und unser Leben viel bunter und spannender gestalten.

Was sind Krafttiere? Musst du dich nun komisch bemalen, um sie zu rufen, und um ein Feuer tanzen? Natürlich nicht, wobei das nicht immer die schlechteste Idee ist ...

Krafttiere sind wie Engel Energien, die uns zur Seite stehen. Doch Krafttiere stärken unser irdisches Leben, unseren Vitalkörper, während uns Engel Botschaften aus den höheren Ebenen geben. Engel – lateinisch »angulus« heißt »Botschafter« – helfen dir, deine Seelenabsicht auf der Erde zu verwirklichen, während dir Krafttiere ausdrücklich ihre Energie zur Verfügung stellen, damit du dein Leben meistern kannst. Musst du an so etwas glauben, um damit zu arbeiten? Nein. Weil dein Inneres Kind sowieso an Engel und Krafttiere und an vieles andere glaubt. Deshalb ist es sinnvoll und klug, diese Kräfte zu rufen und deinem Inneren Kind zur Seite zu stellen. Ob es sie gibt oder nicht, spielt dabei gar keine Rolle. Wenn durch sie Glückshormone in deinem Gehirn aktiviert werden (das ist nachgewiesen), dann dient es dem Leben, mit ihnen zu arbeiten. Mehr Argumente brauchen wir nicht.

Das Krafttier also. Sei bitte vollkommen offen für das, was dir während der nächsten inneren Reise begegnet. Eine Ameise ist genauso ein Krafttier wie ein Drache. Denn »Kraft« meint nicht »Körperstärke«, sondern eine bestimmte Qualität.

Meditation: Das Krafttier des Inneren Kindes, das dir Sicherheit gibt

Mache es dir bequem, es gibt nichts mehr für dich zu tun. Du brauchst niemandem zu gefallen, für niemanden zu sorgen und es niemandem recht zu machen. Du bist hier ganz und gar nur für dich und für deine Lebendigkeit und Lebensfreude. Vor deinem inneren Auge entsteht ein Tor, das du mühelos durchschreitest. Hinter dem Tor findest du eine zauberhafte Landschaft, in der du spazieren gehst. Um anzukommen und um dich zu entspannen. Genieße die Zeit in der Natur, die du nur mit dir verbringst, in der du die Ruhe hast, dich zu spüren. Du hast eine Absicht, erinnerst du dich, und deshalb suchst du dir nun einen besonders schönen Platz in der Natur. Einen Baum, gegen den du dich lehnst, oder einen Felsen, eine Blumenlichtung oder einen Wasserfall. Du setzt dich also und schließt die Augen. Wenn es so etwas gibt, denkst du, dann rufe ich jetzt das Krafttier meines Inneren Kindes. Das Krafttier, das ihm Mut und stärke gibt, um Dinge auszuprobieren und sich selbst etwas zuzutrauen.

Du wartest – und auf einmal spürst du etwas. Du öffnest die Augen – da sitzt ein Tier. Ein ganz anderes, als du erwartet hast, oder ein sehr vertrautes, vielleicht sogar ein Tier, das du schon kennst. Welches Tier auch immer es ist, vertraue deinen Wahrnehmungen, und egal, ob du es magst oder nicht, heiße es willkommen. Es ist für dich gekommen, sei bitte freundlich zu ihm. Du weißt noch nicht, was es dir bringt.

Frage das Tier: »Bist du das Krafttier meines Inneren Kindes?«, und lausche der Antwort. Sie kann sehr leise, fast unmerklich oder auch gewaltig ausfallen. Und nun folgt eine sehr wichtige Frage:
»Was brauchst du von mir?«

Das Krafttier stärkt deinen Vitalkörper. Und so kann es durchaus sein, dass es einen Wunsch hat, den du erfüllen kannst und solltest. Alles, was du für das Krafttier tust, tust du für dich selbst.

Was immer es sich nun also von dir wünscht, tue oder erlaube es, und vertraue ihm. Egal, wie abstrus der Wunsch sein mag, alles in diese Welt ist möglich und hat noch eine andere, tiefer liegende Bedeutung, die sich dir vielleicht erst später offenbart. Erfülle dem Krafttier also seinen Wunsch, so stärkst du eure Beziehung, und du zeigst ihm dein Vertrauen. Außerdem zeigst du ihm dadurch, dass du bereit bist, das Deinige zu eurem gemeinsamen Weg beizutragen.

Nun frage das Krafttier:
»Welche Energie gibst du meinem Inneren Kind?«

Lass es dich fühlen oder einfach wissen. Erlaube dem Krafttier, dir seine Kraft zu zeigen. Frage nun: »Wie dient das meinem Inneren Kind?« Und schon während die Frage in dir aufsteigt, erhältst du die Antwort.

Bitte nun dieses Krafttier, zu deinem Inneren Kind zu gehen, zu fliegen oder zu schwimmen, und nimm wahr, was dadurch in dir passiert. Du hast nun einen machtvollen Verbündeten gefunden, den du jederzeit rufen kannst, wenn du Angst verspürst. Stelle dir jetzt bitte eine Situation vor, in der du normalerweise Angst hast, die du vermeidest oder nur mit größter Anstrengung durchstehst. Spüre dich selbst in dieser Situation, und schaue nun bitte, wie es deinem Inneren Kind in dieser Situation geht. Und dann rufe das Krafttier, und bitte es, für das Innere Kind da zu sein. Augenblicklich verändert sich die Energie – spürst du das?

Von nun an rufe bitte das Krafttier zu dir, wenn du diese Angst spürst oder wenn du weißt, dass eine für dich schwierige Situation auf dich zukommt. Meistens wissen wir schon im Vorfeld, wann wir Hilfe brauchen, und es ist nur klug, sie dann bewusst zu rufen.

Warum müssen wir das Krafttier rufen? Ist es nicht seine Aufgabe, da zu sein, auch ohne dass wir dafür sorgen? Das hat nun wieder etwas mit deinem Gehirn zu tun. Wenn du unbewusst aus der Angst und dem Stammhirn heraus handelst, kann auch das stärkste Krafttier nichts daran ändern. Wenn du es aber rufst, hast du die unbewusste Ebene verlassen und bist im Frontallappen angekommen. Nun bist du zugänglich, und die Kräfte können wirken. Du bist geschützt, auch ohne dass du es bemerkst und bewusst darum bittest. Aber wenn du deine Angstreaktion bewusst verändern willst, dann braucht es eben auch dein Bewusstsein. Kräfte zu rufen, den Zaubergarten aufzusuchen oder eine andere Übung anzuwenden bedeutet, dass du dich ausdrücklich für etwas Neues öffnest. Und das ist bereits die halbe Miete.

Die Lasten des Inneren Kindes abgeben

Die meisten Menschen, die auf Herausforderungen mit Angst reagieren, tragen schwer an der emotionalen Last und der dadurch entstandenen Angst ihrer Familie, Ahnen oder anderen Angehörigen.

Die Fähigkeiten, Geschehnisse zu verarbeiten und sich selbst neu auszurichten, sind bereits über Gebühr strapaziert, ohne dass der unter Angst Leidende das weiß und bewusst erlebt. Wir wissen unterdessen, dass sich auch Traumata und die dazugehörigen Ängste vererben, genetisch sind schwere Schicksale der Eltern und Großeltern in der DNA nachweisbar.

Warum trägt das Innere Kind so viel für andere?

Auf biologischer Ebene ist es ganz klar: Weil wir als Kinder auf Gedeih und Verderb darauf angewiesen sind, dass sich jemand um uns kümmert. Sonst sterben wir, so einfach ist das. Wir tun also alles, was nötig ist, damit wir in einem, zumindest was die Grundversorgung betrifft, einigermaßen stabilen, funktionierenden System aufwachsen. Weil Kinder jedes Gefühl so erleben, als wäre es ihr eigenes, denn das Gehirn kann in diesem Stadium noch nicht zwischen Mein und Dein unterscheiden. Schon gar nicht kann ein Kind erkennen, ob ein Gefühl, eine Stimmung, eine Reaktion etwas mit ihm zu tun hat oder nicht. Kinder beziehen alles auf sich, sie können nicht anders. Der Gehirnteil, der in der Lage ist zu unterscheiden, ob eine emotionale Reaktion eines anderen überhaupt etwas mit einem selbst zu tun hat oder nicht, ist noch nicht ausgereift. Und so glauben Kinder, dass sich jede Reaktion eines anderen unmittelbar auf sie bezieht und durch sie verursacht wurde. Wir sind als Kinder einfach vollkommen unserem emotionalen Erleben ausgesetzt, es gibt noch keine Filter und kein bewusstes Verarbeiten schwieriger Situationen. Besonders, wenn wir als Kinder Angst erleben, selbst wenn es überhaupt nicht unsere eigene ist, ja, selbst dann, wenn es gar keinen Auslöser dafür gibt, schlägt das Gehirn Alarm. Denn wenn jemand Angst hat, muss das Gehirn davon ausgehen, dass Gefahr besteht. So, wie ein Tier unruhig wird, wenn wir als Halter in Angst geraten, reagiert ein Kind, wenn seine Bezugspersonen, die es schützen sollen, Angst verspüren. Aus zwei Gründen. Erstens: Haben die Eltern Angst, dann sind sie (im Erleben des Kindes) offensichtlich mit einer Situation überfordert und können das Kind nicht schützen. Zweitens: Angst überträgt sich sofort auf den Mandelkern, das Angstzentrum des Kindes. Und selbst wenn es überhaupt keinen realen Auslöser gibt, reagiert das Gehirn mit der Ausschüttung entsprechender Hormone. Weil das Kind keine Chance hat, sich selbst zu schützen, schon gar nicht, wenn es nicht weiß, welche Gefahr eigentlich droht, verharrt das System in Alarmbereitschaft. Irgendwann entspannt es sich wieder. Aber nicht vollständig. Es bleibt in einer Habachtstellung. Passiert das zu oft, dann bleibt eine latente Grundangst bestehen.

Noch einmal: Angst ist vererblich. Das ist nicht nur energetisch, sondern auch physisch nachweisbar. Und unsere Großeltern hatten wohl Grund genug, auf jede nur erdenkliche Weise Todesangst zu haben.

Auf seelischer Ebene sieht das anders aus: Wir tragen die Lasten unserer Eltern und Ahnen, damit wir sie erlösen können. Und weil wir glauben, wir könnten anderen tatsächlich deren Schicksal abnehmen. Spätestens seit Bert Hellinger das Familienstellen aus der Gestalttherapie heraus entwickelt hat, wissen wir, wie die Lasten des Schicksals von Generation zu Generation weitergegeben werden. Schauen wir uns also an, was das Innere Kind für andere trägt. Denn solange es so stark belastet ist, hat es keine Kapazitäten frei, offen und selbstsicher auf die Welt zuzugehen.

Meditation: Die Ängste der Familie loslassen

Mache es dir bitte ganz bequem, schließe deine Augen. Es gibt nichts mehr für dich zu tun, du brauchst niemandem zu gefallen, alles an dir darf einfach sein, wie es ist. Dein Atem darf kommen und gehen, wir es ihm gefällt, und du kannst dich für einen Moment so sehr entspannen, wie dir das überhaupt nur möglich ist. Vor deinem inneren Auge entsteht eine Lichtsäule, ein stabiler Lichtstrom, in den du dich hineinstellen kannst. Und das tust du nun. Du machst einen Schritt und stellst dich mitten hinein in diese Lichtsäule. Das Licht beginnt, dich zu durchströmen und alles zu lösen, was nicht mehr zu dir gehört, nicht mehr zu dir passt oder einfach nicht mehr stimmig ist. Die Energien, die jetzt gehen wollen, steigen wie Rauch nach oben und lösen sich auf oder fließen in die Erde ab, je nachdem, wohin sie gehören.

Die Lichtsäule öffnet sich und wird zu einem Lichttor, das du mühelos durchschreitest.

Du befindest dich nun in einer zauberhaften Landschaft, die du kennst oder die dir ganz neu ist – die schönste Landschaft, die du dir im Moment nur erträumen kannst. Du gehst spazieren, ruhst dich aus. Sage dir bitte ganz ausdrücklich und bewusst, dass du im Moment so sicher bist, wie du überhaupt nur sein kannst. Stelle dir vor, dass hinter deiner Stirn ein Licht aufblinkt. In einiger Entfernung nun siehst du ein Kind, das ängstliche Innere Kind, das du schon kennst oder das sich dir in einer neuen Gestalt zeigt. Das Innere Kind kann sich in vielen Formen zeigen, je nachdem, welche Energie es gerade hat. Du gehst auf das Kind zu und erkennst auf einmal, dass es irgendwie unförmig aussieht. Es trägt schwer an etwas.

Gehe bitte zu dem Kind hin, knie oder setze dich vor das Kind, halte deine Hände auf, und sage ihm: »Gib mir bitte alles, was du für die Eltern, für die Familie und für die Ahnen trägst. Gib mir die Angst, die Schuld und die Verletzungen. Das ist zu schwer für dich. Ich werde es in gute Hände weitergeben, in die Hände der Schutzengel, die dafür zuständig sind.«

Aus dem Kind fließt nun all die Schwere heraus, all das, woran es so schwer trägt. Du nimmst es wie einen Energieball zwischen deine Hände, egal, was es ist und wie schwer es ist. Wir geben es gleich weiter, keine Sorge. Doch es muss durch deine Hände, durch die Hände des Erwachsenen, damit das Kind wirklich loslassen kann und dir zu vertrauen lernt. Immer schwerer wird der Energieball, und du bist sehr erstaunt darüber und vielleicht auch voller Hochachtung dafür, was das Kind alles getragen hat. Wenn man das bedenkt, erkennst du, hast du dein Leben gut gemeistert.

Irgendwann hat das Kind all die Lasten losgelassen und dir übergeben. Nun rufe bitte die zuständigen Schutzengel oder gleich das Schicksal, das für diese Lasten verantwortlich ist.

Du darfst dir diese Kräfte ruhig wie Gestalten oder Wesenheiten vorstellen.

Gib nun diesen schweren Energieball an die Schutzengel oder das Schicksal selbst weiter, und spüre die Erleichterung.

Schaue bitte noch einmal auf das Kind, und erkenne, ob es mit dunklen Schnüren an der Mutter, dem Vater oder anderen Familienmitgliedern festhängt. Wenn ja, dann nimm diese dunklen Schnüre in die eine Hand, und bitte darum, dass dir Erzengel Michael oder eine andere Kraft, der du vertraust, ein Schwert in die andere Hand gibt. Du kannst auch ein Krafttier rufen, das die Schnüre durchtrennen kann. Greife also die dunklen Schnüre, und trenne sie jetzt – JETZT – mit einem Hieb durch. Die lichtvollen, liebevollen, nährenden Verbindungen bekommen dadurch viel mehr Raum und können wachsen.

Nun nimm das Kind in den Arm, und führe es an einen sicheren Ort, in den Zaubergarten, den du schon kennst.

Wenn du noch einen Schritt weitergehen willst, dann erlaube deinem Inneren Kind, dir eine der Situationen zu zeigen, in der es die Angst der Eltern oder der Familie übernommen hat oder in der seine eigene Angst entstanden ist.

Sieh also das Kind in einer realen Situation, vielleicht ist es noch nicht einmal geboren. Viele Ängste entstehen bereits im Bauch der Mutter. Nimm wahr, was geschieht, und dann gehe ohne Umschweife als der Erwachsene, der du bist, in diese Situation mit hinein.

Nimm das Kind in den Arm, und sage ihm: »Ich bin jetzt für dich da, bei mir bist du sicher, ich beschütze und halte dich. Ich werde dich niemals verlassen, du musst nie wieder allein sein.« Ist das Kind noch im Bauch der Mutter, dann nimm es sehr sorgsam heraus, nimm es in deinen eigenen Bauch, oder bitte Mutter Erde, es in sich aufzunehmen, damit es einen sicheren Ort hat, an dem es wachsen und gedeihen kann. Du spürst selbst sehr genau, was gerade richtig ist, gib dem Kind einen sicheren Ort.

Ruhe dich nun aus, spüre noch ein wenig nach, gehe zurück in die Lichtsäule, und entspanne dich dort. Komme dann in deiner Zeit in den Raum zurück, in dem du dich befindest.

Es geht bei allem, was ich dir hier anbiete, niemals darum, die Eltern außen vor zu lassen. Es geht aber immer darum, dem Inneren Kind einen sicheren Platz zu geben. Wenn dieser sichere Platz nicht bei den Eltern ist, dann braucht es einen anderen. Damit will ich unter keinen Umständen deine Eltern herabwürdigen. Im Gegenteil.

Wir entlasten unsere Eltern deutlich, wenn wir selbst die Verantwortung für unser Inneres Kind übernehmen.

Wann immer du nun Angst bekommst, schaue nach deinem Inneren Kind, und erkenne, welche Angst dem Ganzen in Wahrheit zugrunde liegt. Hole das Innere Kind aus dieser Situation heraus, und bringe es an einen sicheren Ort. Erst dann kannst du wirklich frei entscheiden, ob die momentane Situation tatsächlich gefährlich ist oder ob du sie als Erwachsener meistern kannst.

Dir selbst treu sein

Warum bekommen wir Angst? Weil wir spüren, dass in unserem Leben etwas ganz und gar nicht stimmig ist. Sehr oft sind unsere Ängste berechtigt, sie zeigen sich nur an falscher Stelle.

Wie oft lässt du dich selbst am Tag im Stich? Wie oft sagst oder tust du Dinge, die dir gegen den Strich gehen? »Müssen wir das nicht alle?«, fragst du, und ich sage dir: »Nein. Wir tun es. Aber wir müssen es nicht tun.« »Ja, aber …«, sagst du, und ich sage: »Natürlich weiß ich das. Wir müssen alle Geld verdienen, und das Leben ist nun einmal kein Zuckerschlecken. So war es auch nicht gedacht. Aber der Grad der Selbstverleugnung ist untrennbar verknüpft mit deiner Bereitschaft und auch Fähigkeit, Konsequenzen zu ziehen und auch auszuhalten.«

Was heißt das? Zunächst einmal, dass du erkennst, in welchen Zwängen du tatsächlich steckst und welche du dir täglich neu auferlegst, weil du die Konsequenzen einer neuen Handlungsweise scheust. Dazu kann ich dir keine Liste geben, weil das sehr individuell ist. Sicher wirst du ein wenig ungehalten, wenn du das liest, das verstehe ich. Bitte überprüfe es dennoch. Wir erlegen uns fast immer sehr viel mehr Zwänge auf, als es nötig wäre, weil wir das so gewohnt sind. Und hier kommt unser Inneres Kind ins Spiel.

Denn als Kind durftest du eine ganze Menge nicht, ohne es zu verstehen. Du wurdest durch deine Angst vor Strafe in Schach gehalten. Egal, ob deine Eltern das absichtlich taten oder nicht, die Sorge, verlassen und bestraft zu werden, am Ende zu sterben, sitzt tief in den Zellen. In weiten Teilen der Welt würdest du auch heute noch drakonisch bestraft, wenn du dich anders verhieltest als erwünscht. Das weiß dein Stammhirn. Deshalb schützt es dich. Es weiß aber nicht alles. Zum Beispiel ist deinem Stammhirn nicht bekannt, dass du nun für dich selbst einstehen und die Verantwortung für dich selbst übernehmen kannst, wenn du es nicht auch tust. Weil dein Stammhirn nur durch erlebte Erfahrungen lernen kann!

So mache dir bitte eine Liste, und schreibe dir auf, in welchen Lebensbereichen du dir mehr Freiheit zugestehen möchtest, auch wenn du nicht weißt, wie. Sei kühn, und träume! Die Art, wie du im Moment lebst, ist nicht von Gott vorgegeben, in Steintafeln gemeißelt und unveränderbar. Du kannst auf diesem Planeten beinah alles in die Tat umsetzen, wenn du bereit bist, die entsprechenden Konsequenzen zu tragen.

Lass dich nicht von deiner Angst lähmen. Das sagt sich so leicht. Vielleicht weißt du nicht, dass die meisten Menschen, auch die besonders mutigen, Angst haben. Diese Angst aber darf nicht deine Handlungsgrundlage bilden, sonst kommst du zu nichts. Meine Therapeutin sagte immer: »Du hast Angst? Ich habe es gehört. Und jetzt tue es dennoch.« Das klingt sehr hart, aber das ist es nicht. Angst ist einfach eine Information deines Systems, die dich warnt. Sie ist keine ultimative Wahrheit. Die Angst hat einfach nicht immer recht, und du darfst lernen, die Verantwortung für dein Handeln zu übernehmen. Angst ist kein guter Ratgeber. Ein ungutes Gefühl im Bauch schon. Aber das ist nicht Angst, das ist eben ein ungutes Gefühl. Angst macht dich eng, du kannst nicht richtig atmen, du zitterst und denkst nicht mehr klar. Du verlierst deine Mitte, geradezu das Bewusstsein. Angst lähmt dich. Ich rede jetzt nicht von der glasklaren Angst, die dich wach macht und dir die Kraft gibt, eine Situation zu meistern, sondern von dieser diffusen, dich lähmenden Angst, unter der du vermutlich leidest, wenn du dieses Buch liest. Die Angst davor, verlassen zu werden, allein zu sein, zu scheitern, einmal arm unter einer Brücke zu sitzen. Die Angst, zum Opfer gemacht zu werden, hilflos zu sein. Das ist die Angst des Kindes, weil es diese Erfahrung gemacht hat. Als Kind bist du hilflos, du kannst in weiten Bereichen deines Lebens nicht handeln. Jetzt aber schon.

Jetzt kannst du in allen Bereichen deines Lebens handeln, zumindest kannst du die Dinge von verschiedenen Seiten aus betrachten und hinterfragen. All das war dir als Kind nicht möglich. Jetzt aber hast du weitaus mehr Verhaltensspielraum, und deshalb darfst du dir auch ein paar Dinge zutrauen.

Damit sich das Innere Kind sicher fühlt – denn es kann nach wie vor dein Leben nicht meistern, und das muss es auch nicht –, ist es wichtig, nun den inneren Erwachsenen zu rufen und kennenzulernen, den Teil, der in der Lage ist, selbstverantwortlich zu handeln und Konsequenzen zu ziehen.

Dazu nutzen wir eine Technik aus der Gestalttherapie, den leeren Stuhl.

Übung: Den inneren Erwachsenen kennenlernen

Stelle bitte zwei Stühle einander gegenüber, Sitzkissen tun es natürlich auch. Einer der Stühle steht für dein ängstliches Selbst, für das Innere Kind oder eben den Anteil, der sich wenig zutraut und vieles befürchtet. Der andere Stuhl steht für den Teil in dir, der mutiger sein kann, der in der Lage ist, sich selbst zu halten, und der sich zutraut, sein Leben zu meistern. Du brauchst diesen Anteil nicht zu kennen, um ihm einen Platz zu geben, tue einfach einmal so, als gäbe es ihn.

Setze dich nun bitte auf den Stuhl des ängstlichen inneren Anteils in dir, und fühle, was mit dir passiert. Lass es einfach sein, wie es ist, verändere es nicht, es ist alles gut, so, wie es ist. Du kennst diesen inneren Anteil sicher gut, versuchst vielleicht schon lange, ihn unter Kontrolle zu halten. Frage dich nun selbst auf diesem Platz, was du in Wahrheit befürchtest, und rede dir das nicht aus. Jede Angst in uns hat eine echte Ursache, die gesehen werden kann und will.

Erlaube dem Anteil, der diesen Platz besetzt, dir zu erzählen, wovor er sich in Wahrheit fürchtet, und sprich es laut aus, wenn du magst, oder schreib das auf, was du an diesem Platz wahrnimmst. Die Übung mit dem leeren Stuhl kannst du auch dann ausprobieren, wenn du normalerweise nicht besonders viel wahrnimmst. Es ist immer wieder erstaunlich, wie deutlich man auf diesen Plätzen die innere Wahrheit spürt.

Wenn du eine ganz besondere Angst hast oder eine bestimmte Situation abfragen willst, dann nimm sie nun mit auf diesen Platz, und erlaube dir, sie zu spüren. Frage dich selbst, was der ängstliche Anteil tatsächlich befürchtet, und höre dir zu.

Wenn du dir alles angehört hast, dann stehe bitte auf, und setze dich auf den anderen Stuhl oder das andere Kissen.

Hier herrscht eine völlige andere Energie vor, und das spürst du deutlich.

Auf diesem Platz bist du erwachsen, selbstbestimmt und frei zu tun, was sinnvoll und gut ist. Du spürst nun sehr deutlich, was dein erwachsenes Selbst zu deinen Angelegenheiten sagt, und auch das ist deine Wahrheit. Denke bitte an die Themen, die du auf dem ersten Platz gespürt oder abgefragt hast, und erlebe, was dieser gereifte, mutigere innere Anteil dazu sagt. Wie geht es deinem Körper, was macht deine Atmung an diesem Platz? Diese Energie mit all den Fähigkeiten, die sie mit sich bringt, steht dir zur Verfügung. Es ist deine, auch wenn du sie vielleicht noch nie so kraftvoll erlebt hast.

Du hast nun die Wahl. Du kannst aus der ersten oder der zweiten Position heraus agieren. Oder aber wir gehen noch einen Schritt weiter.

Setze dich bitte noch einmal auf die erste, ängstlichere Position, und atme nun diese Energie ganz tief in dein Herz hinein. Das mag sich eng anfühlen, das darf es auch. Nimm diese Energie tief in dich auf, sie gehört zu dir, und es ist sinnvoll, das auch anzuerkennen. Auch wenn es in dir enger und schwerer wird, nimm die von Angst erfüllten Anteile bewusst in dein Herz auf.

Stehe dann auf, und setze dich mit dieser Angst auf den zweiten Platz. Bitte nun die mutigen, erwachsenen, sich ihrer selbst bewussten Aspekte, die du auf diesem Platz gut spürst, sich um das ängstliche Innere Kind zu kümmern. Bleibe einfach auf diesem Platz sitzen, und erlaube, dass sich die Kräfte in deinem Inneren gut verbinden. Das tun sie von allein, du brauchst ihnen nur den Raum zu geben und zu atmen.

Wann immer du von nun an eine Entscheidung zu treffen hast, nutze diese beiden Plätze. Höre dem ängstlichen Aspekt zu, nimm ihn ernst, bleibe aber nicht in ihm hängen. Höre dann dem mutigen, erwachsenen Anteil in dir zu, und entscheide dann erst, wie du deine Handlung ausrichtest. Denn meistens erleben wir die Angst nur diffus, verdrängen sie, sammeln unsere Kraft und versuchen, tapfer zu sein, oder vermeiden die Situation ganz. Dabei ist es wirklich ganz einfach.

Höre beiden Anteilen zu.
Verbinde sie.
Bringe das Innere Kind in den Zaubergarten.
Handle.

Dein Leben meistern

Ich kann dir in diesem Büchlein viel erzählen; wie sich Mut anfühlt, wirst du aber nur erfahren, wenn du rausgehst und die Dinge umsetzt. So schreibe dir bitte jeden Morgen eine Liste mit dem, was heute ansteht, und mache ein + (kann ich) oder ein – (kann ich nicht) dahinter. Sei dir selbst ehrlich gegenüber.

zur Arbeit fahren +
mit dem Chef über mehr Geld sprechen –
einkaufen gehen +
kochen +
aushalten, dass mein Partner heute Abend allein weggeht –

Zum Beispiel. Und jetzt? Du kannst vermeiden, über mehr Geld zu sprechen, damit machst du dich zum Opfer deiner Angst, und das fühlt sich auf die Dauer noch viel schlechter an. Weiter gehts.

Wer hat Angst und wovor?

Chef/Geld: Ich habe Angst vor einem Nein und den Konsequenzen, die ich dann ziehen müsste, Angst vor dem Verlust meines Arbeitsplatzes, Angst davor zu erkennen, dass ich meinem Chef nicht mehr wert bin.

Partner geht allein weg: Ich hab Angst, dass er nicht wiederkommt, dass er sich ohne mich besser amüsiert, dass er merkt, er braucht mich gar nicht, dass ich mich einsam fühle.

Wer in mir hat Angst? Was befürchtet das Innere Kind?

Chef/Geld: Es hat Angst vor Ablehnung und mangelnder Wertschätzung. Es stellt sich womöglich die Frage, ob ich das überhaupt verdient habe.

Partner geht allein weg: Es hat Angst davor, verlassen zu werden.

Nächste Frage: *Was befürchtet der innere Erwachsene?*

Chef/Geld: Er befürchtet zu erkennen, dass ich nicht mehr Geld bekommen werde – ich müsste neu entscheiden, ob ich an diesem Platz bleiben will oder nicht.

Partner geht allein weg: Hm. Eigentlich nichts. Natürlich kommt er wieder, und was ist schlimm daran, sich mit anderen zu amüsieren? Wir lachen auch viel zusammen.

Was erkennst du? Die Sorge des Erwachsenen ist auch vorhanden, aber sie hat nicht diese emotionale Wucht wie die des Kindes. Die Antworten des Erwachsenen sind nüchterner, er muss eventuell eine neue Entscheidung treffen, aber er fühlt sich nicht abgelehnt. Hast du begründete Sorge, dass dein Partner auf dem Weg ist, dich zu verlassen, dann sieht die letzte Antwort natürlich anders aus, dennoch fühlt sie sich weniger ängstlich als vielmehr klärend an.

Und wie lösen wir das Ganze nun?

Wir bringen das Innere Kind an den inneren sicheren Ort, das ist sowieso sinnvoll und hilfreich. Wir sagen unserem Inneren Kind, dass wir da sind, es niemals verlassen werden und dass der Erwachsene eine Lösung finden wird. Die Frage, ob du mehr Geld verdient hast, beantworten wir ihm nicht. Denn woher willst du das wissen? Wie willst du erkennen, wie wertvoll deine Arbeitsleistung für die Firma ist? Du möchtest mehr Geld haben, weil du deine Leistung höher einschätzt, und das sollst und darfst du auch. Ich bin sehr vorsichtig mit dem Wort »verdienen«, denn es setzt einen Bezug zwischen deiner Leistung und dem, was du dafür bekommst, der ziemlich willkürlich ist. Im Osten unseres Landes bekommen Menschen oft immer noch weniger Geld als im Westen für die gleiche Leistung. Verdienen sie weniger? Natürlich nicht. Du verstehst. Frage dich nicht, was du »verdienst«, das weißt du vermutlich nicht.

Entscheide, was du haben willst, was du brauchst, und dann überprüfe nüchtern, was möglich ist.

Und nun beantworte dir folgende Fragen aus dem Erwachsenen-Ich heraus:

Wie kann ich die Kraft finden, mit meinem Chef zu reden?

Wie kann ich heute Abend gut für mich sorgen und mir einen schönen Abend machen?

Selbstverständlich kannst du über Belohnungen mit dir selbst arbeiten. Du darfst dir versprechen, dir selbst etwas Gutes zu tun, wenn du das Gespräch mit dem Chef hinter dich gebracht hast. Das raten viele Therapeuten. Aber ist das nötig? Ist nicht das Gespräch mit dem Chef selbst schon ein großer Akt der Selbstfürsorge und Selbstliebe? Denn so darfst du es sehen. Du übernimmst Verantwortung für dich und stehst für dich selbst ein. Rufe dein Krafttier, schicke das Innere Kind noch einmal ausdrücklich in den Zaubergarten, setze dich vorher im Büro einen Moment lang bewusst auf den Platz des inneren Erwachsenen, atme dreimal tief durch, und dann gehe, und handle.

Die Befreiung, die du erfährst, wenn du für dich eingestanden bist, ist der Lohn, auf den du dich jetzt schon freuen darfst, egal, ob du mehr Geld bekommst oder nicht.

Klingt das leicht? Nein. Ist es auch nicht. Aber machbar. Und mehr haben wir alle nicht. Mehr brauchen wir aber auch nicht. Die Kraft, Hürden zu meistern, Ängste zu überwinden, ist in uns angelegt, und wir dürfen sie trainieren.

Es gibt sehr viele gute Bücher über die Bewältigung von Angst und viele Techniken, mit denen du dich beruhigen kannst. Nutze sie bitte. Hier geht es ausdrücklich um das Innere Kind, und deshalb konzentriere ich mich auch darauf. Denn all diese Techniken nutzen nicht besonders viel, wenn das Innere Kind in Angst ist und dein Leben unbewusst meistern muss.

Den Kampf beenden

Ich bin ziemlich sicher, dass dein Inneres Kind in einem aussichtslosen Kampf gefangen ist, der sehr viel Kraft kostet, wenn du unter Ängsten leidest. Dem Kampf um Liebe, um Anerkennung, um seine Daseinsberechtigung. Vielleicht hast du dir im Außen eine Situation erschaffen, in der du diesen Kampf jeden Tag weiterführen kannst oder musst. Und jeden Tag erlebst du erneut dein Scheitern.

Mit wem auch immer dein Inneres Kind diesen Kampf führt, es wird Zeit, ihn zu beenden. Deshalb hier eine innere Reise, die ich an anderer Stelle auch schon angeboten habe. Sie ist so wesentlich und wichtig, dass ich sie dir nur ans Herz legen kann.

Innere Reise: Den aussichtslosen Kampf aufgeben

Gehe in deiner Vorstellung durch ein Tor. Hinter dem Tor findest du eine zauberhafte Landschaft, in der du ein wenig spazieren gehst. Nun bitte darum, dorthin geführt zu werden, wo das Innere Kind seinen Kampf kämpft.

Du stehst auf einmal inmitten einer Kampfarena und siehst dein Inneres Kind. Selbst wenn du in diesem Bild einen erwachsenen Körper hast, so kämpft dennoch dein Inneres Kind.

Nun schaue bitte genauer hin: Wie kämpft es denn? Welches sind seine Waffen?

Lass dir bitte Zeit, deine Waffen zu erkennen, sie können sehr subtil und so vertraut sein, dass du sie noch nie zuvor als Waffen wahrgenommen hast. Lass dich ganz deutlich erkennen, welche Waffen du nutzt.

Das kann eine Tarnkappe sein, vielleicht nutzt du verbale Spitzfindigkeiten, vielleicht machst du dich lieb Kind oder nutzt sexuelle Verführung – die Waffen selbst können die eines Erwachsenen sein, doch der Kämpfende ist das Innere Kind.

Und nun lass dich erkennen, gegen wen oder was du kämpfst. Lass dir auch damit Zeit, nimm einfach wahr, was ist, ohne es infrage zu stellen. Gegen wen kämpfst du? Und um was? Was ist die Trophäe, was willst du um jeden Preis gewinnen? Das kann eine Energie sein, Liebe, Anerkennung, sogar Freiheit oder das Gefühl, endlich dazuzugehören. Schaue, ob das Innere Kind gar um seine bloße Existenzberechtigung kämpft.

Es ist nicht so wichtig, dass du in jeder Einzelheit wahrnimmst, was du gewinnen willst, denn sonst stellst du es womöglich infrage. Nimm aber wahr, dass es einen Preis gibt, den du haben willst. Womöglich ist es nicht einmal dein Kampf, sondern du kämpfst für jemanden aus deiner Familie oder Ahnenreihe um eine Trophäe, womöglich ist dieser Kampf schon uralt und begann vor vielen Inkarnationen.

Schaue dir beim Kampf zu, und nimm deine Gefühle wahr. Erkenne an, wie unendlich müde du bist. Es gibt nur einen Weg, den Kampf zu beenden – indem du kapitulierst und die Waffen streckst. Es kann sein, dass dir das ganz leichtfällt, doch möglicherweise tust du dich damit schwerer als erwartet. Lass es dennoch gut sein. Verneige dich vor dem anderen, wer auch immer es ist, und sprich Folgendes aus:

»Ich erkenne deinen Sieg an, und ich gebe mich geschlagen. Du hast gewonnen.«

Und dann überlasse deinem Gegner die Trophäe. Lege die Waffen nieder, ziehe die Rüstung aus. Und noch während du das tust, erscheint auf einmal ein goldenes Tor.

Du verlässt die Kampfarena durch das Tor und befindest dich auf einmal in einem lichterfüllten Raum, einem Raum voller Frieden und Leichtigkeit. Alles, was du nun noch trägst, fällt von dir ab oder steigt wie Rauch auf und verlässt deinen Körper. Die Seelenanteile, die im Kampf verstrickt waren, die zur Erde gekommen sind, um diesen Kampf zu kämpfen, verlassen deinen Körper und steigen ganz leicht und frei ins Reich deiner Seele auf. Ein Lichtwesen steht auf einmal vor dir und überreicht dir eine Energiekugel. Du nimmst sie an, und die Energie fließt in dich hinein, überall dahin, wo genau diese Energie gebraucht wird. All das, worum du gekämpft hast, fließt nun ganz leicht in dich hinein, einfach so. Auch Frieden fließt in dich hinein, und du kannst dir selbst vergeben, dass du dir diesen Kampf zugemutet hast.

Auf einmal kommt dir der Gedanke, dass es eine weitere Kraft gibt, die du gut gebrauchen könntest: Treue. Dir selbst treu sein.

Lass dir Zeit, dich an diesen Gedanken zu gewöhnen, und mache dir klar, dass das Gegenteil von Treue Verrat ist. Du verrätst dich selbst, wenn du dein Leben anders lebst, als es deinem eigenen inneren Fluss entspricht. Und so bitte darum, dass nun die Energie »Treue« in dich hineinströmt. Vielleicht kommt sie als ein Farbstrahl oder Lichtfunken aus der Erde und stabilisiert dich, vielleicht spürst du diese Treue auch eher im Herzen – lass es sein, wie es ist, und nimm sie an. Ruhe dich noch ein bisschen aus, und komme dann mit all dieser Energie zurück in den Raum, in dem du dich befindest.

Wann immer du nun Angst spürst, schaue bitte, ob es einen Anteil in dir gibt, der vergeblich kämpft und immer wieder sein Scheitern erdulden muss. Denn dann ist es kein Wunder, dass du schnell mit Angst reagierst. Du hast einfach keine Kraft mehr, und du erlebst jeden

Tag aufs Neue, dass du nicht gewinnen kannst. Warum kannst du den Kampf um Anerkennung und um deinen Platz im Leben nicht gewinnen? Warum spreche ich von Scheitern, ist das nicht negatives Denken?

Es gibt Kämpfe, die wir ausfechten müssen. Hier aber, auf dieser inneren Reise, geht es um die aussichtslosen Kämpfe, die einfach nur Kraft kosten und nicht gewonnen werden können. Verstehst du? Natürlich kannst du einen Kampf auch gewinnen. Aber nicht den, der dir schon so lange Energie raubt. Hier zeigt sich dir also jener Kampf, der dich gebunden und gefangen hält, jener Kampf, den du loslassen darfst und solltest.

Wir gehen einen Schritt weiter und unternehmen eine weitere innere Reise – diesmal in jene Kampfarena, in der du endlich siegen darfst!

Innere Reise: Im eigenen Feuer stehen bleiben

Vor deinem inneren Auge entsteht wieder ein Tor, das du ganz leicht durchschreitest. Du fühlst dich kraftvoll und frei, gehst aufrechter, als du es üblicherweise von dir kennst. Du spürst, dass du von irgendwoher Kraft bekommst, es ist, als ob dir bei jedem Schritt die Erde Energie durch die Füße in deinen Körper schickt.

Du gehst immer weiter, und dir wird beim Gehen bewusst, in welchen Lebensbereichen du lernen darfst, aber auch musst, dich ernsthaft zu behaupten, deine Wahrheit zu sagen und deinen Weg unbeirrt zu gehen, egal, was andere meinen. Du erkennst, wie wichtig es ist, bereit zu werden, Verantwortung zu übernehmen und die Konsequenzen dessen, was du tust oder auch nicht tust, zu tragen. Du gehst weiter und bemerkst auf einmal eine besonders markante Stelle in der Landschaft, einen Felsen, eine Quelle, einen Baum. Du gehst auf diese Stelle zu – hier sitzt ein Kind. Es ist jenes Innere Kind, dessen Angst dich daran hindert, deinen eigenen Weg zu gehen, das dich immer wieder zögern und faule Kompromisse eingehen lässt. Du setzt dich zu dem Kind und sagst ihm: »Ich bin jetzt da. Was brauchst du?«

Auf einmal siehst du, dass sich dieses Innere Kind in dicken Schnüren verheddert hat, die aus seinen Bauch herauswachsen, Schnüre, die ihm die Luft zum Atmen nehmen. Die Schnüre wickeln es ein, ketten es fest und machen es bewegungsunfähig. Zu viele sich widersprechende Ansprüche an das Kind, das du einmal warst, haben dafür gesorgt, dass das Kind nun gar nicht mehr weiß, welchen Anforderungen und Impulsen es folgen soll und darf.

Du streichelst das Kind und bemerkst auf einmal, dass du ein Werkzeug in der Hand hältst, einfach so. Greife nun mit einer Hand diese dicken Schnüre, egal, wie sie sich anfühlen.

Schneide die Schnüre an der Stelle, an der sie aus dem Bauch herauswachsen, durch, erlöse das Kind, und tue das so lange, bis es völlig frei ist. Lege dann deine Hand auf die Stelle am Bauch, und versiegele die Stelle, indem du sagst: »Ich übernehme von nun an die volle Verantwortung für dich, und ich sorge dafür, dass du frei bleibst.«

Keine Sorge, das musst du nicht allein machen. Denn jetzt rufe bitte den Schutzengel deines Inneren Kindes. Dazu brauchst du nicht einmal an Schutzengel zu glauben. Dein Inneres Kind glaubt daran, und das genügt. Rufe also diesen Schutzengel, und bitte ihn, sich von nun an um dieses Innere Kind, das so gern die Ansprüche aller befriedigen will und sich dabei völlig verliert, zu kümmern. Der Schutzengel bringt das Innere Kind nun an einen sicheren Ort, in den Zaubergarten, den du schon kennst. Dort kann es ganz frei spielen und sich so bewegen und entfalten, wie es das möchte.

Du gehst weiter.

Auf einmal bemerkst du ein Feuer, ein großes Lagerfeuer. Die lodernden Flammen ziehen dich wie magisch an. Das ist dein inneres Feuer, erkennst du auf einmal, das ist deine Tatkraft, hier in diesem Feuer ist alles gespeichert, für das du brennst, das dir heilig ist. Dieses Feuer ist nichts weniger als deine heilige innere Flamme, die Kraft, mit der du in die Welt gehst und deine Träume, Impulse, das, was dir wichtig ist, im Großen wie im Kleinen, Alltäglichen, in die Tat umsetzt. Du setzt dich an dieses Feuer und wunderst dich vielleicht, dass es so groß ist und so hell brennt. Erlebst du dich doch oft als handlungsunfähig, als gebremst, geradezu blockiert.

Aus dem Feuer heraus entsteht ein Wesen, ein Feuerwesen, ein Drache, ein Feuerengel, vielleicht spürst du einfach eine Kraft, die keine Form hat.

Und noch bevor du ins Zweifeln geraten kannst, stehst du auf und lässt dich von diesem Feuerwesen anziehen, trittst mitten hinein in dein eigenes Feuer. Vielleicht blitzen Erinnerungen an vergangene Leben auf, du wurdest möglicherweise verbrannt – doch dieses Feuer ist vollkommen anders. Es nährt dich, stärkt deine Mitte, es gibt dir Kraft und innere Wärme. Das Feuer strömt nun in alle Zellen hinein und lässt deinen ganzen Körper kribbeln.

Atme es ein, erlaube dem Feuer, deinen Bauchraum zu füllen.

Denke nun an eine Situation, in der du normalerweise den inneren Halt verlierst, in der du Angst bekommst und nicht zu dir stehen kannst. Atme das Feuer noch einmal ein – und dann puste es wie ein feuerspuckender Drache in diese Situation hinein. Spürst du, wie sich dein ganzer Körper augenblicklich strafft? Wie du dich aufrichtest? Das Feuer verbrennt alles, was dich in dieser Situation klein macht, all die niedrig schwingenden Energien, mit denen du dich in dieser Situation selbst lähmst oder von denen du gelähmt wirst. Du hörst förmlich, wie die klebrige, lähmende Energie verbrennt, es knistert, als verbrenne der Staub einer lange nicht angezündeten Kerze.

Bleibe im Feuer stehen, schicke dein Feuer in alle Situationen, in denen du standfest bleiben darfst und solltest. Nutze dieses Feuer von nun an, bevor du eine Situation zu meistern versuchst, schicke es vorweg, und achte darauf, dass sich das Innere Kind nicht wieder in neue Anforderungen verstrickt. Falls das doch passiert, ist es auch nicht weiter tragisch. Du weißt, was dann zu tun ist.

Komme nun in deiner Zeit in den Raum zurück, in dem du dich befindest, und versprich dir selbst, die Werkzeuge, die du bekommen hast, bewusst zu nutzen. Du weißt, du bist nicht dafür verantwortlich, dass dein Inneres Kind verletzt wurde. Du bist aber voll und ganz dafür verantwortlich, wenn du das weiterhin erlaubst.

Nachwort

Können wir durch diese Meditationen und die Übungen unsere Angst überwinden? Ich glaube nicht. Das ist auch nicht der Anspruch. Wir können ihr aber den Platz geben, der ihr gebührt: Sie ist ein wichtiger Informant. Mehr nicht. Wenn wir unsere Angst zur Handlungsgrundlage erheben, dann bekommt sie Macht über uns und nimmt uns den Mut, unser Leben selbstbestimmt zu leben.

Das Innere Kind ist der verletzlichste Teil in uns. Ignorieren wir ihn, dann bestimmt er uns. Nehmen wir das Innere Kind aber liebevoll in den Arm, dann praktizieren wir eine großartige und wesentliche, spirituelle Disziplin: Selbstmitgefühl. Denn nur darum geht es, und nur dazu dient unsere Angst. Wir dürfen lernen, liebevoll, mitfühlend und voller Verständnis für das, was uns das Leben geschenkt, aber auch zugemutet hat, unseren Weg zu gehen.

Wenn wir alle unsere Inneren Kinder hüten und ihnen einen geschützten inneren Raum, aber nicht die Kontrolle über unser Leben geben, dann machen wir einen gewaltigen Schritt in Richtung Selbstbestimmung und echter Freiheit. Mit einem friedlichen, weil getrösteten Inneren Kind können wir tatsächlich den Himmel auf die Erde bringen. Mehr noch, wir können uns das Paradies wieder erschaffen. Klingt das pathetisch? Ja. Stimmt es? Auch ja.

Ich wünsche mir sehr, mit diesem Büchlein ein wenig zu deiner Selbstbestimmung und deinem inneren Frieden beizutragen.

In Liebe
Susanne